Négocier
avec son employeur

Groupe Eyrolles
61, bd Saint-Germain
75240 Paris Cedex 05
www.editions-eyrolles.com

© Groupe Eyrolles, 2008
ISBN : 978-2-212-54138-0

Thierry KRIEF

Négocier avec son employeur

Techniques de négociation commerciales
appliquées au marché de l'emploi

EYROLLES

Merci à tous ceux qui ont contribué de près ou de loin à la réalisation de ce livre : Ariane S., Céline P., Isabelle D., Valérie B., Florian H., Jérôme A. et bien d'autres encore.

Sommaire

Partie 2. Les dix clés en pratique

Expérience de l'auteur

J'ai consacré une grande partie de ma vie professionnelle à la pratique de la négociation commerciale. Entre 1999 et 2002, alors que je travaillais comme cadre supérieur dans le secteur de l'informatique, je me suis fait licencier quatre fois pour des raisons totalement indépendantes de la qualité de mes prestations (réorganisation, fusion, etc., dans un secteur en pleine mutation).

J'étais aidé par un spécialiste du droit social pour déterminer les aspects juridiques, mais j'ai préféré mener moi-même les négociations sur des bases autres que purement juridiques. Tirant à chaque fois des leçons de l'expérience précédente, je négociais de mieux en mieux mes départs et mes contrats d'embauche au point que lors de mon dernier licenciement en période d'essai, la discussion quant à l'indemnisation du préjudice subi s'est limitée à l'application des clauses correspondantes signées à l'embauche.

Je me suis demandé après coup comment, alors que mon entourage ne cessait de me pousser à régler mon dossier par la voie contentieuse, j'avais réussi à obtenir dans des délais très courts des accords amiables très satisfaisants tout en maintenant de bonnes relations avec mes anciens employeurs.

J'ai alors coécrit un premier livre pour raconter mon histoire plutôt atypique, *Cadres, ne vous laissez plus faire*, paru chez

Dunod en 2003. Suite à cette parution, de nombreux cadres m'ont contacté pour me demander un avis que je leur donnais bien volontiers, jusqu'au moment où une personne m'a dit : « *Monsieur Krief, il faudrait bien que je vous paie un jour !* » De là est née ma société NegoAndCo en février 2004.

Alors que j'étudiais dans le cadre de mon Executive MBA, j'ai rencontré la responsable des carrières à l'ESCP-EAP. Elle estimait que mon approche, qui ne disposait alors pas encore de ses fondements méthodologiques actuels, était moderne et innovante et qu'elle s'inscrivait dans le cadre de la modernisation des relations entre les cadres et les employeurs. Elle considérait également que mon approche « politique » des rapports cadre/ employeur, associée à l'utilisation des techniques de négociation constituait une réelle innovation et offrait une alternative structurée à la résignation ou au conflit. Elle me proposa donc de faire des conférences auprès des anciens élèves de l'école.

Grâce au bouche-à-oreille, en plus de l'ESCP-EAP, j'en suis venu à mener des conférences auprès d'anciens élèves des écoles des Ponts et Chaussées, de Centrale Paris, de l'Institut d'Études Politiques (IEP) de Paris, de l'école des Mines... Toujours avec le même credo : le monde a changé ; apprenez à penser différemment et à professionnaliser vos relations à l'entreprise.

En parallèle, j'ai écrit un certain nombre d'articles de presse (Revues des anciens élèves de l'ESCP-EAP, des Ponts et Chaussées, de Sciences Po, de Centrale Paris). Enfin, le groupe professionnel des Dirigeants Commerciaux de France (DCF), sponsor de ce livre, m'a commandé cinq articles sur ce thème.

Cela fait maintenant plus de quatre ans que je dirige NegoAndCo et que je conseille les cadres dans la négociation de leurs conditions d'embauche, de leur repositionnement ainsi que de leur départ. Mes clients me considèrent comme l'homme de l'ombre leur permettant de naviguer habilement et rationnellement dans des environnements souvent hostiles et emprunts d'affectif. Je suis profondément un homme d'entreprise et toute la démarche proposée ici est dans cet esprit.

Spécificité du livre

Ce livre est un manuel opérationnel et pragmatique, un pur ouvrage de négociation, bâti sur les concepts forts de la négociation et sur des années d'expérience de l'auteur.

Il s'adresse à tous les cadres désireux de s'améliorer dans le processus de négociation qu'ils ont avec leur employeur, qu'il s'agisse de réussir une embauche, une évolution de carrière, un repositionnement ou un départ.

La démarche proposée présente la particularité et la spécificité de reposer sur l'utilisation des règles et des techniques de négociation commerciale qui ont été adaptées et ajustées aux spécificités du marché de l'emploi.

L'objectif est de vous permettre de mieux structurer vos négociations et d'influencer les décisions pour atteindre le meilleur accord possible ainsi que les objectifs que vous vous êtes fixés : montant d'une rémunération, clause parachute, suppression d'une période d'essai, montant financier d'indemnité de départ, outplacement, nouveau titre, promotion, etc.

Si vos préoccupations actuelles s'inscrivent dans les trois cas de figure suivants, ce livre peut vous aider.

1. Réussir une négociation d'entrée à un nouveau poste, c'est-à-dire :

* être retenu à un poste qui vous intéresse ;
* vous assurer l'obtention des meilleures conditions financières ;
* vous assurer que le poste présenté correspondra bien à la réalité ;
* réduire les risques associés à une période d'essai ;

- supprimer ou limiter les effets d'une clause de non-concurrence pour ne pas hypothéquer la suite de votre carrière ;

- obtenir un « parachute » vous permettant d'effectuer vos missions en toute sérénité et de rebondir le cas échéant.

2. Réussir une progression au sein de votre entreprise, c'est-à-dire :

- être promu, reconnu par un changement de statut ou de titre ;

- changer de métier au sein de la même entreprise ;

- prendre de nouvelles responsabilités ;

- faire évoluer votre rémunération ;

- valoriser une formation récente (MBA, etc.).

3. Réussir un départ de votre entreprise, c'est-à-dire :

- amener l'entreprise à vous proposer une séparation amiable plutôt que de rester dans un conflit larvé ;

- trouver un accord financier intéressant, rapide et sans contentieux, tout en tentant de maintenir de bonnes relations avec votre employeur ;

- conserver vos stock-options après votre départ.

Cet ouvrage va vous aider à comprendre qu'il existe des mécanismes implicites et cachés dans toute négociation. L'approche présentée repose sur le décryptage des processus implicites qui sous-tendent toutes les négociations du côté de l'entreprise (qui négocie, qui prend la décision, qui cherche le compromis, etc.). À l'issue de la lecture de ce livre, vous devriez être à même d'amener votre entreprise, de façon quasi systématique à accepter le processus de négociation équilibré que vous avez mise en place. Nous vous expliquerons enfin comment utiliser l'arsenal des techniques de la négociation commerciale et activer des leviers d'actions politiques, humains, économiques, culturels et éthiques.

Nous vous souhaitons une bonne lecture.

Dix clés pour réussir

Clé 1

Sachez définir vos objectifs personnels avant tout

Les objectifs professionnels et les objectifs personnels sont très liés. D'une certaine façon, on peut considérer que votre réussite professionnelle constitue d'abord et avant tout un objectif personnel. Aussi, dans toute démarche professionnelle, est-il nécessaire de s'interroger au préalable sur ses objectifs personnels. S'interroger, c'est se poser des questions. Et si vous vous interrogez, c'est que cela vous préoccupe.

Dans ce qui suit, nous étudierons les points personnels suivants :

- Si vous vous posez la question, c'est que cela vous préoccupe.

- Quand l'affectif vous conduit à prendre les mauvaises décisions.

- Apprenez à rationaliser la situation que vous vivez.

- Maintenant décidez de ce que vous allez faire.

Si vous vous posez la question, c'est que cela vous préoccupe

La définition des objectifs personnels s'avère forcément très différente selon que vous vous trouvez en phase de négociation à l'embauche ou en délicatesse avec votre employeur. À travers ce qui suit, nous allons identifier spécifiquement ces deux cas, le premier étant intitulé « Cela va bien » et le second « Cela va mal ».

Cela va bien

Vous êtes arrivé en phase finale dans le cadre d'un nouvel emploi. Vous vous posez des questions sur votre niveau de rémunération, (avez-vous demandé assez ou pas ?), sur votre niveau hiérarchique, (avez-vous négocié le bon périmètre de responsabilité ?), sur votre titre, etc.

Vous vous dites, parce que vous en avez l'expérience, que c'est maintenant ou jamais qu'il faut négocier et vous avez raison. Vous savez très bien que le niveau de votre rémunération de départ vous poursuivra tout au long de votre carrière au sein de l'entreprise et qu'il sera par la suite difficile d'obtenir des variations majeures. En résumé, cela vous préoccupe.

Cela va mal

Dans ce second cas, il se passe quelque chose. Vous n'êtes plus aussi à l'aise dans votre entreprise que jusqu'à présent. Le matin, il vous est de plus en plus difficile de vous lever pour aller travailler. Vous avez parfois la boule au ventre. Vous prenez conscience que vous parlez de plus en plus à votre entourage de votre situation professionnelle. Votre vie de couple devient empreinte des discussions sur les problèmes que vous ressentez. Votre conjoint vous soutient, mais vous sentez que cela se passe mal dans votre entreprise. Vous devenez irritable. Il est des jours où vous avez envie de tout laisser tomber et de partir loin de vos problèmes. Vous rêvez de claquer la porte, de donner votre démission, comme si celle-ci pouvait régler vos problèmes et vous apporter du calme.

Au fond, vous vous sentez mal à l'aise et vous interrogez fortement sur votre avenir professionnel. Vous commencez à envoyer des CV à droite à gauche pour vous rassurer en vous disant que vous êtes prêt(e) à accepter n'importe quelle offre pour fuir la situation actuelle. Vous pouvez aussi avoir des envies d'agression et de violence vis-à-vis de vos différents responsables hiérarchiques. Vous les prenez pour des incompétents et vous interrogez sur la raison pour laquelle ils occupent leur poste.

La situation est très difficile à vivre et vous avez perdu vos repères. Vous adoptez un mode affectif vis-à-vis de l'entreprise et ne comprenez pas pourquoi, alors que vous vous êtes tant investi(e) dans votre poste, que vous avez sacrifié une partie de votre vie de famille pour l'entreprise, vous vous trouvez soudainement dans une situation déstabilisante. L'affectif vous envahit, la colère monte parfois et vous ne savez pas comment agir.

Quand l'affectif vous conduit à prendre les mauvaises décisions

Qu'il s'agisse du cas où « cela va bien » ou de celui où « cela va mal », la situation que vous vivez est empreinte d'affectif.

Cela va bien

Vous commencez à mettre d'importants espoirs dans le nouveau poste, imaginez ce que vous pourrez faire avec votre nouvelle rémunération et réalisez peut-être que votre poste actuel est étroit. Plus le temps passe, plus le doute vous envahit et vous souhaitez tout faire pour ne pas perdre ce poste. Imaginer prendre le risque d'une négociation, quelle qu'elle soit, vous terrorise et vous êtes prêt(e) à signer pour le poste tel qu'il vous est proposé.

L'affectif est débordant : si tout se passera peut-être bien, il est fort probable que par la suite, lorsque vous vous comparerez à vos futurs collègues ou que vous prendrez vos fonctions, vous regretterez de n'avoir pas passé un peu plus de temps à discuter avec l'entreprise de la réalité du poste, du montant de votre rémunération, des moyens mis à votre disposition pour réussir votre mission.

Cette situation crée généralement des frustrations. Pire encore, alors que l'entreprise aurait pu être réceptive pendant la phase des négociations à vos demandes, elle considère maintenant que votre cas est réglé et qu'il n'est plus à l'ordre du jour. Il faudra donc vous débrouiller.

Cela va mal

Cette situation est relativement fréquente lorsque les environnements professionnels changent et que vous n'avez pas mis en place des stratégies de gestion de la situation. Face à l'inconnu, vous réagissez naturellement par de l'affectif. Il est nécessaire d'intégrer que les entreprises, pour faire face à la concurrence, ont des besoins croissants de réorganisation et d'ajustement de leurs facteurs de production.

A *priori*, personne n'est vraiment prêt, mais les modifications stratégiques, des événements plus ou moins dépendants de l'entreprise, ont conduit mécaniquement à redéfinir l'organisation et donc la responsabilité de chacun. Il se peut que votre projet, qui avait été stratégique pendant de longues années et pour lequel vous avez considérablement investi, soit d'un jour à l'autre abandonné. Il se peut que l'arrivée de nouveaux responsables hiérarchiques conduise à la remise en cause de votre niveau de responsabilité…

Vous pouvez continuer à réagir de façon affective. Malheureusement, il n'est pas certain que cela vous conduise à faire le meilleur choix. Les décisions que vous allez prendre vont être essentiellement motivées par une volonté d'évacuer à court terme le problème que vous avez du mal à gérer. Elles seront très rarement motivées par une prise en compte factuelle de la situation et par la volonté de tirer le meilleur parti de l'évolution des événements. Autrement dit, toute prise de décision sur un mode affectif vous conduira immanquablement à des regrets. C'est pourquoi il convient à ce stade de faire un minimum d'analyse afin de rationaliser le plus possible la situation et de faire les meilleurs choix.

Apprenez à rationaliser la situation que vous vivez

Comment passer d'une position souvent affective à une démarche rationnelle ? Cela demande un effort considérable ainsi qu'une remise en question profonde que l'on n'est pas forcément prêt à faire.

Les situations courantes

Dans le cas où tout va bien, il est nécessaire que vous preniez du recul sur la situation. Faire cette démarche de rationalisation tout seul nous semble impossible. Nous vous recommandons donc de faire appel à une personne externe qui vous assurera que vous avez obtenu le meilleur de ce que la situation permettait.

Dans le cas où les choses vont mal, la situation est beaucoup plus complexe. La première chose à faire est de bien identifier l'origine de la situation. Il existe de nombreuses situations pouvant avoir entraîné votre remise en cause professionnelle, dont voici quelques exemples.

Ainsi, vous pouvez avoir subi un licenciement totalement indépendant de la qualité de votre travail, mais purement lié à la réorganisation de votre entreprise. Vous pouvez également mal réagir suite au refus d'une promotion tant attendue et tant méritée à vos yeux. De même, une faible augmentation de votre rémunération, alors que vous avez passé l'année précédente à vous investir corps et âme dans votre entreprise, peut représenter un sujet de désappointement et d'écœurement.

Par ailleurs, l'arrivée d'un nouveau responsable hiérarchique peut totalement bouleverser les liens psychologiques et humains que vous aviez tissés avec son prédécesseur. Cela peut s'avérer assez déstabilisant, d'autant que ce nouveau responsable hiérarchique peut être amené à modifier le périmètre de votre poste ou votre pouvoir dans l'organisation.

Autre cas de figure : suite à une restructuration de l'entreprise, cette dernière vous a repositionné sur un autre poste. Mais vous vous apercevez rapidement qu'il ne vous correspond pas. Cependant, vous ne parvenez pas à l'exprimer à votre société.

Enfin, vous pouvez avoir du mal à travailler avec votre responsable hiérarchique direct : un conflit larvé se dessine et vous le vivez très mal.

Toutes ces situations sont très fréquentes et font malheureusement partie de la relation « normale » entre un cadre et son entreprise. Il existe souvent deux solutions : tout laisser tomber ou chercher à tirer le meilleur profit de la situation, en intégrant le fait qu'il s'agit du sens de l'histoire et qu'il faut peut-être l'accepter. À ce stade, la première conclusion que vous allez tirer sera de comprendre que la situation que vous vivez est d'une certaine façon indépendante de votre volonté et surtout, que vous avez tout mis en œuvre pour ne pas la vivre.

Les risques courus

La seconde partie de la démarche va consister à analyser les risques que vous courez. En effet, on s'aperçoit que les réactions violentes ou de panique sont souvent liées à la peur et à la mauvaise compréhension des incidences que peut avoir sur notre vie toute entière l'évolution de notre situation professionnelle.

Le premier risque est purement économique. Si par exemple, vous êtes en situation de conflit larvé avec votre employeur, que psychologiquement vous n'arrivez plus à le vivre et que vous souhaitez trouver un accord avec ce dernier pour mettre fin à votre relation avec lui, il va falloir que vous preniez en compte, entre autres, votre capacité financière à prendre des risques, les risques associés à une prise de décision (perte d'un bonus, etc.), votre capacité à retrouver rapidement un emploi ou à redevenir « employable », l'état du marché de l'emploi, etc.

Le deuxième risque, lui, est familial et personnel. Vous serez d'autant plus fort pour aborder les négociations que votre famille et votre entourage seront près de vous et vous soutiendront. Réciproquement, il va falloir être vigilant pour ne pas polluer votre entourage avec vos peurs et vos préoccupations liées à votre situation professionnelle.

Enfin le troisième risque est de nature psychologique. Il est nécessaire à ce stade de vous interroger sur votre capacité à rebondir, votre force de caractère pour aborder les négociations, votre capacité à gérer les conflits, votre résistance à la frustration et votre capacité d'adaptation à un nouvel environnement.

Ces analyses faites, vous disposez à présent d'une vision précise des risques que vous allez devoir affronter. Normalement, vous devez donc être beaucoup plus calme et posé(e) face à la situation. Si ce n'est pas encore le cas, rassurez-vous, la suite de cet ouvrage devrait vous donner toutes les réponses pour vous aider à maintenir cet état jusqu'au règlement de la situation.

Pour conclure, nous dirons que les décisions d'ordre professionnel ont fondamentalement un impact personnel. Il est donc important de bien maîtriser les effets personnels pour pouvoir par la suite se concentrer à nouveau sur les problématiques professionnelles.

Grille d'auto-évaluation

Clé 1 - Cela ne va pas trop : êtes-vous clair dans vos objectifs ?

En vous basant sur la survenance d'un événement récent plus ou moins anodin dans votre société, ou tout simplement d'un ressenti, remplissez la grille suivante afin de vous permettre d'identifier vos objectifs personnels.

Aide à la définition de vos objectifs	Oui	Ns	Non
Analyse de la nouvelle situation			
Vous ressentez un malaise, une frustration.			
Spontanément, vous avez envie de tout abandonner et d'aller voir ailleurs.			
Analyse du contexte économique personnel			
Vous avez suffisamment d'argent de côté pour prendre des risques.			
Votre décision n'aura aucun impact sur les éléments de votre rémunération.			
Vous êtes un expert dans votre domaine d'activité.			
Il y a beaucoup de postes disponibles.			
Le secteur d'activité est large.			
Le marché de l'emploi est porteur.			
Analyse du contexte familial personnel			
Quelle que soit votre décision, votre conjoint vous suivra.			
Votre vie de famille ne sera en rien affectée par votre décision.			
Analyse du contexte psychologique personnel			
Vous avez une forte capacité à rebondir.			
Vous vous sentez prêt à aborder des négociations difficiles.			
La gestion des conflits ne vous fait pas peur.			
De manière générale, vous résistez bien à la frustration.			
Vous vous adaptez facilement à un nouvel environnement.			

Additionnez vos réponses. Plus vous obtenez de « oui », plus vos chances de succès dans le cadre d'un processus de négociation sont élevées : vos objectifs sont clairs et vous avez les moyens de prendre des risques. Et inversement…

Maintenant décidez de ce que vous allez faire

Cela va bien

Dans le cas où les choses se passent bien, on compte trois solutions. Le choix entre elles dépendra fortement de l'analyse des risques que vous avez faite (financiers, personnels, etc.). Il n'existe pas de bonne ou de mauvaise solution, de bon ou de mauvais choix. Dans certains cas, il vaudra mieux accepter sans discuter l'offre de l'entreprise. Dans d'autres cas, il sera préférable de pousser la négociation jusqu'au bout. L'important est que votre décision soit prise sur un mode rationnel. De la sorte, vous serez sûr de ne jamais le regretter.

Ouvrons à ce stade une petite parenthèse pour écarter une idée commune. Il est relativement fréquent de penser, dans le cadre d'une embauche, que le fait d'entrer en négociation avec son employeur va augmenter le risque d'être écarté du poste. Certes le risque existe si la négociation est mal menée. Mais c'est généralement tout le contraire qui se produit dès lors que la négociation est menée avec intelligence et tact. Le fait que vous cherchiez à négocier augmente votre crédibilité *in fine* aux yeux de l'employeur et lui révèle en quelque sorte que, si vous êtes si dur à la négociation, c'est probablement que vous avez de la valeur. Bien sûr, cela s'applique d'autant mieux et de façon extrêmement pertinente aux fonctions de direction commerciale ou générale.

Cela va mal

Dans le cas où les choses ne vont pas très bien, il existe schématiquement trois solutions pour affronter cette situation.

Ainsi, vous pouvez accepter les conditions de l'entreprise telles qu'elles s'imposent à vous. Par exemple, si suite à une réorganisation, l'entreprise vous propose un nouveau poste et que, pour de nombreuses raisons, ce dernier s'avère satisfaisant même si votre périmètre d'activités a diminué ou changé, vous pouvez très bien vous sentir heureux(se) et épanoui(e) à ce poste et au fond, c'est bien là l'essentiel.

Par ailleurs, vous pouvez également accepter la situation en comprenant la légitimité de la modification de l'organisation, en ne faisant pas de votre modification de fonction ou de périmètre une problématique personnelle et en faisant confiance à l'entreprise sur le fait que cette situation est provisoire et que vous êtes quelqu'un d'important pour le Groupe. Dans cette situation, vous vous trouvez déjà en quelque sorte en situation de négociation. L'adhésion pleine et entière à des modifications d'organisation d'une société s'avère souvent payante à moyen terme.

Vous pouvez enfin refuser l'offre et décider de quitter l'entreprise dans le cadre d'une démission, d'une rupture amiable ou conventionnelle, ou d'un contentieux.

Quelle que soit votre décision, l'important est d'agir de façon consciente et rationnelle, en ayant réduit le plus possible la dimension affective.

Clé 2

Sachez identifier le bon moment pour agir

À ce stade, vous avez clairement défini vos objectifs personnels. Maintenant, il va être nécessaire de les réaliser au moment opportun. Or il existe toujours des moments appelés « fenêtres de négociation », idéaux pour négocier, et d'autres où il vaut mieux éviter ce genre de démarche, car elle vous mène immanquablement à l'échec.

Nous verrons dans ce qui suit qu'il existe trois types de fenêtres de négociation :

- Les fenêtres de négociation anticipées sont les plus efficaces.
- Les fenêtres de négociation provoquées sont efficaces.
- Les fenêtres de négociation subies sont les moins efficaces.

Les fenêtres de négociation anticipées sont les plus efficaces

Pourquoi anticiper ?

Dans de nombreux cas, il est possible d'anticiper la survenance de fenêtres de discussion entre un cadre et son employeur. En matière de négociation, comme dans la vie d'ailleurs, l'anticipation des événements est souvent source de réussite.

Réciproquement, le fait de les subir est souvent source de conflit.

Dans le cadre de sa relation avec une entreprise, le cadre peut, dans la plupart des cas, anticiper l'évolution de sa situation. Il y a de nombreux signes qui ne trompent pas. Avec un peu d'attention, il est souvent possible d'être proactif face à l'évolution d'une situation afin de ne pas en subir les conséquences.

Notez toutefois, et nous nous adressons ici tout particulièrement à ceux qui ne lèvent pas le nez du guidon, qu'il est souvent bien plus efficace pour la réussite de sa carrière de consacrer du temps à la compréhension et à l'analyse proactive de l'évolution de l'environnement de la société que de travailler deux fois plus. Cette approche est assez égoïste, voire immorale quand on a un esprit d'entreprise. Il n'en reste pas moins que si votre progression de carrière représente un facteur déterminant à vos yeux, l'analyse que vous avez menée sur l'évolution possible de l'organisation de la société vous donnera un avantage indéniable par rapport à vos pairs.

Prenons un exemple très simple. Alors que vous occupiez un poste à haute responsabilité au sein d'une entreprise, ne vous est-il jamais arrivé d'apprendre la mise en place d'une nouvelle organisation par la voie d'un e-mail interne et de voir qu'y figure à une meilleure place que la vôtre l'un de vos anciens collègues, à qui de surcroît on a demandé son avis ? Quand vous pensez que les choses peuvent bouger, il est donc important de prendre les devants. C'est de la politique pure et cela s'avère gagnant à presque tous les coups. L'anticipation de l'évolution d'une organisation est source de réussite.

Deux catégories de changement à anticiper

Parmi les différentes fenêtres de négociation qu'il est possible d'anticiper, on trouve deux grandes catégories : le changement majeur au sein de la société et le changement de votre relation à la société.

Changement majeur interne

Un changement majeur au sein de la société désigne toute évolution du contexte indépendante ou presque des individus et donc de vous.

Les principaux changements majeurs sont le rachat de votre société, une réorganisation, une restructuration, une modification de la stratégie, l'arrêt ou la création d'une activité. On y trouve également, et cela est trop souvent négligé, le changement de responsables hiérarchiques.

À l'aide d'une veille efficace sur ce qui se passe au sein de l'entreprise, il est possible d'imaginer que ces événements pourront avoir lieu à plus ou moins court terme. Anticiper leur arrivée permet de mettre en œuvre un travail de préparation de la situation sur du long terme afin de se positionner au mieux lorsqu'ils se produiront.

Ces événements peuvent générer des opportunités de postes et donc de carrière mais également des suppressions de postes. Dans tous les cas, il importe de prendre les devants, d'agir par anticipation afin d'anticiper voire d'accompagner le mouvement, mais en aucun cas de le subir. Trop souvent, les cadres attendent le dernier moment pour agir et se retrouvent dans la plupart des cas mis devant le fait accompli. Leur réaction est alors souvent violente et passionnée et cela se finit fréquemment en conflit.

Changement de la relation à l'entreprise

Un changement de vos rapports avec la société désigne toute modification du comportement de l'entreprise à votre égard qui a une incidence directe ou indirecte sur votre rôle dans l'organisation. À titre d'exemple, citons une mutation que la société vous a imposée malgré vous et sans discussion, la mise à l'écart des principales décisions importantes ou pire encore, la mise au placard. De façon beaucoup plus insidieuse, votre société peut vous mettre en concurrence avec une autre personne, nommer un adjoint en vous demandant de le former, etc.

De la même façon, ces situations s'anticipent car elles se produisent rarement d'un jour à l'autre. Si vous les subissez, vous ne pourrez vous en prendre qu'à vous. Mais si vous les anticipez, il y a de fortes chances que vous ne les viviez même pas, car vous aurez pris les bonnes initiatives avant que le problème ne se pose. Alors, à vous de choisir ce qui vous convient le mieux !

Les fenêtres de négociation provoquées sont efficaces

Les négociations se provoquent dans la plupart des cas. Qu'il s'agisse d'une négociation d'entrée, d'un repositionnement ou d'un départ, les cadres attendent trop souvent que l'entreprise ouvre des négociations, comme si cela allait de soi.

La négociation d'embauche

Dans ce cas, la première réaction de l'entreprise face à vos demandes consiste souvent à vous répondre que le poste et les conditions associées ne sont pas négociables. La réaction standard du cadre est alors de penser que le poste est à prendre ou à laisser. Or, par expérience, si votre profil correspond à un réel besoin de l'entreprise et que vous avez su parler aux bons interlocuteurs et leur montrer toute la valeur que vous pourriez apporter à leur projet, ce contrat non négociable le devient forcément.

Voici l'exemple d'une expérience vécue d'un contrat non négociable pour lequel *in fine* tout a été négocié. En réalité, il n'était pas négociable avec le seul responsable des ressources humaines, qui avait par ailleurs comme projet de standardiser et de normaliser les contrats que proposait l'entreprise. En revanche, il était totalement ajustable avec le supérieur hiérarchique, qui était davantage préoccupé par la tenue et la réalisation de ses objectifs. Dans ce cas, il faut provoquer les fenêtres de négociation afin d'amener progressivement l'entreprise au dialogue et à la compréhension de vos demandes.

En interne, trop de cadres sont déçus de ne pas avoir été suffisamment augmentés après avoir passé une année complète à travailler corps et âme sur un projet et avoir atteint des objectifs significatifs. Ils s'attendent même à ce que l'entreprise, naturellement et spontanément, leur propose une variation majeure de leur rémunération et ne comprennent pas qu'il en aille autrement.

De toute façon, il est préférable de prendre l'hypothèse que du point de vue de l'entreprise, aucune fenêtre de négociation n'existe. Elle peut naturellement considérer que la réalisation de vos objectifs fait partie intégrante de votre mission et qu'elle n'a pas à faire d'effort particulier à votre égard. Peut-être d'ailleurs a-t-elle raison ? En l'espèce, c'est à vous de provoquer et de créer la fenêtre de négociation, mais, soit dit en passant, préalablement à la réalisation de la mission. Nous verrons cela dans les clés ultérieures. Si vous avez vécu ce genre de situation, vous connaissez probablement la frustration qu'elle génère.

La négociation de départ

Dans le cas d'un départ à l'initiative de l'entreprise, de nombreux cadres pensent qu'il est acquis que l'entreprise a intérêt à négocier. En conséquence, ils ne comprennent pas qu'elle ne leur propose pas directement une indemnisation. Par la suite, ils se tournent vers l'entreprise « la fleur au fusil », en lui demandant si elle veut négocier. Or, elle répond en général systématiquement qu'aucune négociation n'est possible ou alors, elle proposera un montant ridiculement faible. Cette réponse est mécanique, sachant que le cadre n'a mis en place aucun plan d'action pour amener l'entreprise à la table des négociations. De la même façon, ce point sera abordé dans les clés suivantes.

Il se peut également que dans le cadre d'une séparation, la situation ait été extrêmement conflictuelle. Même si le contentieux est en cours, il est toujours possible de ramener l'entreprise à la table des négociations. Il faut comprendre dans ce cas qu'il s'agit davantage de prendre en compte l'aspect humain des individus que vous avez en face plutôt que la dimension et l'épaisseur de votre dossier.

En conclusion, la négociation ne s'impose pas. C'est à vous de créer ces fenêtres de négociation.

Les fenêtres de négociation subies sont les moins efficaces

Dans le cas d'une embauche, ces fenêtres de négociation n'existent pas.

Dans de nombreuses « séparations amiables », l'entreprise et le cadre ont décidé plus ou moins d'un commun accord de se quitter. L'entreprise souhaite trouver un accord et le cadre n'aurait aucune raison de refuser le dialogue.

Le problème des négociations subies est que, bien souvent, si l'entreprise vous propose d'ouvrir le dialogue, c'est qu'elle se sent mal à l'aise avec la situation qu'elle ne perd rien à négocier. Ne pensez pas pour autant que sa démarche soit de nature philanthropique. Elle a cherché en effet à régler son problème à moindre coût. Cela est parfaitement normal, cohérent et logique.

Dans le cadre d'une négociation subie, toute votre démarche préalable à la négociation devra consister à passer d'un déséquilibre à un équilibre des forces afin d'ouvrir le dialogue sur des bases qui seront le moins déséquilibrées possible.

En résumé, même si on ne peut sûrement pas en faire une règle générale, le fait que l'entreprise propose naturellement de négocier ne rend sûrement pas la négociation beaucoup plus aisée et ne vous garantit en rien de bons résultats. La réciproque est d'ailleurs vraie. Une entreprise qui refuse le dialogue dans un premier temps peut s'avérer être généreuse par la suite si la négociation est bien menée.

Grille d'auto-évaluation

Clé 2 - Est-ce le moment d'agir ?

L'objectif de cette grille est de vous permettre de réfléchir et de prendre conscience de votre environnement actuel et de son évolution. À l'issue de ces réflexions, vous devriez pouvoir conclure s'il est opportun ou pas d'agir vis-à-vis de votre entreprise. Les propositions ne sont en fait pas limitatives.

	Oui	Non
Une réorganisation est dans l'air.		
Votre responsable hiérarchique va être remplacé.		
Vous n'êtes plus convié(e)s aux réunions importantes.		
Vous n'êtes plus convié(e)s aux réunions informelles.		
L'entreprise pour laquelle vous postulez est convaincue de vos compétences.		
L'entreprise pour laquelle vous postulez souhaite que vous rencontriez d'autres collaborateurs.		
Votre patron(ne) a besoin de vous pour un projet stratégique qui exigera des efforts hors du commun.		
Vous aimez votre entreprise, mais ne vous sentez plus à l'aise à votre poste.		
L'entreprise vous annonce qu'elle vous licencie.		
Vos relations avec l'entreprise sont délétères.		

Clé 3

Apprenez à bien analyser le contexte de l'entreprise

Le processus de pré-négociation est déterminant, et ce, que vous cherchiez à rejoindre une nouvelle entreprise, à améliorer vos conditions (salaire, positionnement, etc.) au sein de votre entreprise ou encore à changer de poste en interne *via* un repositionnement ou en externe *via* la négociation d'un départ. L'objectif ici consiste à identifier tous les points d'accroche vous permettant de dialoguer avec l'entreprise sur des bases plus ou moins équilibrées. Certains dossiers n'ont que des accroches politiques, d'autres qu'économiques, d'autres seulement juridiques.

Trop de gens se focalisent sur le fait d'avoir raison et sont persuadés qu'en conséquence, la société devrait répondre favorablement à toutes leurs demandes.

L'objectif de cette démarche n'est pas de savoir qui a raison ou tort, mais de définir les moyens à votre disposition pour atteindre vos objectifs. Toute l'analyse qui suit vise à trouver tous les points d'accroche qui vous permettront d'amener votre société au dialogue sur les bases d'un terrain de négociation équilibré. Des points d'analyse sont communs à toutes les phases, d'autres sont spécifiques à certaines négociations.

Nous verrons les contextes suivants :

- Les décisions sont d'abord prises par des femmes et des hommes.
- Quelle est votre valeur réelle ?
- L'analyse du contexte macro-économique est déterminante.
- L'analyse juridique dans le contexte de la négociation.
- Quand l'implicite est plus fort que l'explicite.
- La somme de ces analyses donne du « poids » pour aborder la négociation.

Les décisions sont d'abord prises par des femmes et des hommes

Analyser le contexte

L'analyse du contexte humain donc politique constitue indéniablement l'élément le plus important dans le cadre du processus de négociation. Il repose sur le postulat implicite que de la plupart des décisions de l'entreprise sont motivées par des aspects politiques et non économiques. L'idée de base est que dans toute décision, chaque personne cherche d'abord et avant tout à effectuer son travail du mieux possible dans son propre périmètre de responsabilité et qu'elle peut tout faire si elle obtient l'aval de sa hiérarchie.

Dans le cadre d'une négociation de départ, une entreprise est rarement à dix mille ou vingt mille euros près pour trouver un accord amiable, toutes proportions gardées. De la même façon, dans le cadre d'une négociation d'embauche, l'entreprise est rarement à quelques milliers d'euros près pour s'adjoindre les services de collaborateurs importants. Mais tout est souvent une question politique. Il est donc fondamental de chercher à comprendre et à décrypter les mécanismes sous-jacents et implicites de l'entreprise afin que les décisions prises tiennent le plus possible compte de vos objectifs personnels.

Cela s'apparente un peu à un jeu de go pour certains. Pour des penseurs comme Sun Tzu ou Machiavel (voir annexe bibliographique), il s'agit de manipulation dans le sens noble du terme, à savoir de la stratégie humaine. Pour bien mettre en œuvre cette analyse politique, il convient de définir ce que les sociologues comme Michel Crozier appellent le jeu des acteurs. Toute personne a un intérêt à agir. Sans cela, elle ne fera rien pour vous. L'objectif du négociateur est de réussir à amener cette personne à penser que la gestion de votre situation va dans le sens de ses intérêts personnels.

L'idée sous-jacente à l'analyse politique est d'identifier précisément les acteurs pouvant avoir une influence directe ou indirecte sur les prises de décision. Pour chacun des acteurs, il va falloir s'interroger et rechercher ses propres motivations ainsi que l'intérêt qu'il aura à agir pour ou contre vous.

Une fois la cartographie des acteurs réalisée, une chaîne d'influence et de prises de décision apparaît. La compréhension de ce mécanisme est déterminante pour mener le plan d'action nécessaire à la négociation.

Quelques exemples

Voici quelques exemples précis d'utilisation du jeu des acteurs.

Embauche

Lors d'une négociation des conditions d'embauche, il faut identifier précisément l'intérêt de chaque acteur à ce que vous soyez engagé, qu'il s'agisse du DRH, de votre responsable hiérarchique futur, du chasseur de têtes qui vous a contacté, etc.

Chacun va jouer un rôle extrêmement précis dans le processus de recrutement et donc dans l'image que vous allez donner à l'entreprise avant et pendant le processus de négociation. Il convient de bien comprendre le rôle et les intérêts de chacun à agir dans le sens de vos objectifs. Une fois ce travail réalisé, vous serez surpris de constater que vous réussirez à anticiper la réaction des différents acteurs en fonction des messages que vous leur faites passer et que vous pouvez obtenir d'eux qu'ils intègrent votre intérêt comme un peu du leur.

Repositionnement

Dans le cadre d'un repositionnement interne, le jeu des acteurs est encore plus déterminant. Certaines personnes agiront dans votre sens tandis que d'autres chercheront à contrer toute démarche.

Départ

Dans ce cas de figure, cette cartographie des jeux de pouvoir et des rapports de forces est déterminante, notamment s'il s'agit pour vous dans un premier temps d'aller vers une entreprise qui refuse le dialogue. Dans le cadre de la négociation proprement dite, il va également falloir tenir compte des différents leviers politiques internes afin de faire avancer la discussion et les modalités de vos accords.

Quelle est votre valeur réelle ?

Il s'agit ici d'analyser le contexte micro-économique. Quand vous voulez réellement et vraiment quelque chose, vous êtes prêt à le payer cher ou au moins à faire des efforts conséquents pour l'obtenir. Il en va de même dans le cadre des négociations que vous menez avec une entreprise.

Lors d'une embauche

Dans le cadre de discussions lors d'une embauche, l'appréhension de votre contexte micro-économique est déterminante pour apprécier la valeur relative que vous représentez aux yeux de votre interlocuteur. Si vous êtes l'homme ou la femme manquant(e) d'un projet qui présente des contraintes de délai, il vous paraît clair que l'entreprise sera encline à faire un effort pour que vous la rejoigniez le plus rapidement possible.

Si vous disposez d'une compétence spécifique qui manque à l'entreprise pour réussir son plan de développement, de la même façon, vous vous trouvez dans une situation où vos demandes, si elles sont formulées avec tact, auront de grandes chances d'aboutir.

Ces propos vous semblent probablement évidents à la lecture. Mais nous aimerions ici vous interroger sur vos dernières négociations d'embauche : aviez-vous alors conscience de tels éléments ? Aviez-vous intégré dans les discussions avec votre employeur le fait que vous aviez une valeur micro-économique importante ?

Autrement dit pour connaître sa valeur micro-économique, il faut que l'employeur vous ait donné de telles informations. De façon naturelle, il est peu probable qu'il vous en fasse part. Il faut donc les lui demander. Bien sûr, cette démarche nécessite tact et intelligence.

Ouvrons une parenthèse sur la problématique de la préparation des entretiens de recrutement. Ceux-ci ne relèvent pas du domaine de la négociation. Cependant, leur préparation, au-delà d'une présentation de vos compétences, doit permettre d'obtenir un certain nombre d'informations qui vous serviront alors dans le cadre de négociations.

Pour rester sur la problématique de l'embauche, la réciproque est également vraie. Si vous postulez à des fonctions peu sensibles aux yeux de l'entreprise ou si votre valeur micro-économique est faible – les jeunes diplômés par exemple – il y a de fortes chances pour que votre pouvoir de négociation soit réduit en conséquence.

En cas de départ

Concernant les négociations de départ, la problématique s'avère la même. Si vous ne représentez aucun risque (dans son acceptation globale) pour l'entreprise, vous n'avez mécaniquement aucun pouvoir de négociation.

Cela traduit un autre point commun de toutes les négociations de départ. Plus vous occupez une fonction élevée ou sensible, plus les outils propres à la négociation seront efficaces pour trouver une solution amiable. Réciproquement, moins vos fonctions sont sensibles, moins ces outils seront efficaces. Autrement dit, du point de vue du négociateur et dès lors que la question de principe est absente du règlement de votre dossier, il est presque toujours possible de trouver un accord amiable. Mesdames et messieurs les cadres supérieurs et dirigeants, à bon entendeur, salut !

L'analyse du contexte macro-économique est déterminante

Le contexte macro-économique est important, mais souvent ignoré. Qu'il s'agisse de négociations d'embauche, de repositionnement ou de départ, la société est d'abord et avant tout, en schématisant, motivée par des décisions lui permettant d'accroître son profit et est sensibilisée aux risques pouvant avoir un impact quelconque sur ce dernier.

Dans une entreprise en bonne santé financière

Il est naturellement plus facile de négocier à la hausse une rémunération d'embauche ou une indemnité de départ dans une entreprise en bonne santé financière.

Dans le cadre d'un départ, elle préférera en effet débourser un peu plus de trésorerie plutôt que de prendre le risque d'un procès qui, au-delà des conséquences juridiques, pourra avoir des conséquences sur son image de marque.

Et dans le cadre d'un repositionnement interne, il existe également plus de possibilités qu'elle vous propose un nouveau poste si par exemple, suite à une réorganisation, votre poste était modifié ou supprimé.

Tout cela va de soi.

Dans une entreprise en mauvaise santé financière

Réciproquement, si la santé financière de l'entreprise s'avère mauvaise, il sera peu pertinent de négocier une augmentation des éléments financiers.

Dans le cadre d'une négociation d'embauche, une société dans cette situation cherchant à vous engager a pour premier objectif, *via* votre embauche, de développer son activité et d'améliorer sa situation financière. S'arc-bouter lors des discussions sur des aspects de rémunération sera forcément improductif, voire vain. En revanche, la société aura forcément plus de marge de manœuvre pour négocier le périmètre de vos responsabilités, voire pourra vous proposer un bonus ou une variation de salaire ultérieure, en fonction du succès de votre mission, etc.

Il en va de même pour les négociations de départ. Vous pouvez toujours imaginer obtenir vingt-quatre ou trente-six mois de salaire dans le cadre d'une négociation de départ. Mais si la société n'a pas les moyens de les payer sans risquer de compromettre sa situation financière, il ne servira à rien de s'obstiner sur le montant. Dans ce cas, la recommandation du négociateur serait dans un premier temps de trouver le meilleur accord possible, compte tenu du contexte économique de la société. Si après réflexion, au regard de ce paramètre et du comportement de vos interlocuteurs lors des négociations, l'accord financier proposé par la société vous semble correct, il sera peut-être préférable de l'accepter et de passer à autre chose.

Vous pouvez cependant penser pouvoir obtenir plus. C'est votre choix et votre décision. Dans ce cas, cette démarche n'est plus du ressort de la négociation, dont l'objet consiste à trouver le meilleur accord.

L'analyse juridique dans le contexte de la négociation

Cette partie est évoquée dans ce livre à titre de mention. Le lecteur désireux d'approfondir ce sujet trouvera en annexe un certain nombre de références bibliographiques. Nous mentionnerons cependant deux éléments utiles dans l'approche de la négociation.

Dans le cadre d'un processus de négociation, l'analyse juridique ne va pas avoir pour objectif de démontrer à l'entreprise si elle a tort ou raison, mais de délimiter son périmètre d'intervention afin de faire entrer la négociation dans un cadre précis.

Dans le cadre d'un processus de négociation et pour amener l'entreprise à la table des négociations, il ne s'agit évidemment pas d'expliquer le droit à l'entreprise. Celle-ci le connaît certainement aussi bien que vous si vous êtes conseillé, voire mieux si vous ne l'êtes pas.

Dans le cadre du processus de négociation et de la recherche de points d'accroche, l'analyse juridique constitue une analyse des écarts. L'objectif sera de déterminer s'il existe dans le comportement de l'entreprise des écarts par rapport à la loi, à la convention collective ou à votre contrat de travail. Tous les écarts identifiés pourront servir de point d'accroche dans les discussions avec l'entreprise. Il s'agit de dire qu'il existe un problème et qu'il est nécessaire de discuter pour trouver une solution.

Vous pouvez dans ce cadre utiliser toutes les sources disponibles sur Internet afin de vous faire un avis sur la question. De nombreux sites sont accessibles et extrêmement riches. Notez toutefois que compte tenu des enjeux et de la technicité du sujet, nous vous recommandons fortement de consulter sur ces points un avocat spécialisé.

Quand l'implicite est plus fort que l'explicite

Le contexte culturel en général

Toute négociation a lieu dans un environnement implicite, invisible à l'œil nu : le contexte culturel. Ce dernier se définit par toutes les attitudes implicites, les non-dits, les façons de faire, de communiquer, etc. On y trouve des mythes, des rites et des routines ainsi que des symboles. L'agrégation de tous ces éléments constitue le paradigme culturel de l'entreprise.

Dans certaines entreprises par exemple, la communication interne se fait essentiellement par oral. Tant que vous dialoguez avec votre interlocuteur, tout paraît normal et personne ne se doute de rien. Mais dès que vous prenez la décision d'écrire ne serait-ce qu'un e-mail, vous provoquez chez votre interlocuteur une réaction de surprise, voire peut-être de méfiance. Réciproquement, d'autres entreprises peuvent privilégier une culture de l'écrit. Dans ce contexte et de façon plus ou moins implicite, tout ce qui n'est pas écrit n'existe pas.

Entrer en négociation sans avoir conscience du paradigme culturel de l'entreprise revient donc à prendre la mer sans aucune connaissance maritime ou encore à conduire un véhicule sans connaître le Code la route.

Le contexte culturel peut être utilisé de deux façons. Il est possible de se fondre dedans afin de masquer la démarche de négociation que vous souhaitez mettre en œuvre. Il est également envisageable d'aller volontairement contre ce contexte afin de faire réagir votre interlocuteur. Comme nous venons de le voir, émettre un écrit dans une entreprise où la culture est orale entraînera une réaction de votre interlocuteur. Mais peut-être est-ce nécessaire pour qu'enfin il vous écoute ?

Le contexte culturel spécifique

Les conditions de la négociation et du dialogue diffèrent selon que l'on négocie avec une start-up ou avec une grande entreprise, dans le secteur de l'audiovisuel par exemple – plutôt ouvert à la négociation – ou dans celui des équipementiers automobiles – plutôt très dur à la négociation.

Il peut aussi paraître évident que l'on ne négocie pas de la même façon selon que notre interlocuteur est français ou anglo-saxon. La culture des individus, leur rapport à l'argent et au travail sont forcément très différents.

Sans vouloir entrer dans le cadre de ce livre dans le détail des interactions entre les fondements religieux d'un pays et les principes de négociation, il importe de garder à l'esprit que les négociations dans notre culture, où l'argent peut souvent paraître tabou, diffèrent beaucoup de celles de la culture anglo-saxonne, notamment à tendance calviniste, où l'argent est un signe de réussite et *in fine* de reconnaissance divine. Les lecteurs intéressés par ces réflexions trouveront en annexe des références bibliographiques.

Le rôle des valeurs éthiques et déontologiques

Un sujet dérivé et qui nous intéresse tout particulièrement dans le cadre de notre compréhension du contexte culturel est le rôle que l'entreprise donne aux valeurs éthiques et déontologiques. De nombreuses entreprises publient dans leur rapport annuel des principes éthiques régissant à très haut niveau leur activité. On y trouve souvent des phrases du type « Le respect des femmes et des hommes qui font la force de notre activité », « La prise en compte des besoins de chacun pour son épanouissement et son évolution au sein de l'entreprise », etc.

Ces principes sont louables, d'autant qu'ils sont généralement signés du président de l'entreprise. Certaines sociétés mettent bien en œuvre ce qu'elles écrivent. Il est utile de le savoir en amont des négociations, car *a priori*, les négociations se feront selon un modèle équilibré et dans la recherche d'un accord. Cependant, d'autres entreprises ne font pas ce qu'elles écrivent. Certaines n'hésitent pas à les mettre en avant, exigent de vous de vous y conformer, tout en agissant elles-mêmes à l'opposé de leur credo officiel. Sans porter de jugement sur le comportement de votre entreprise au regard de ses principes éthiques et déontologiques, il est nécessaire de savoir et de comprendre comment votre employeur intègre concrètement ces principes dans le cadre des négociations.

Notons au passage que si l'entreprise adopte des valeurs éthiques fortes et les respecte, cela ne signifie pas pour autant qu'elle ne sera pas âpre à la négociation, mais qu'*a priori* elle n'utilisera que des moyens d'action qui respectent ses principes éthiques. Donc ne pensez pas pour autant que la négociation sera plus aisée !

De la même façon, si l'entreprise ne respecte aucune valeur éthique, cela ne signifie pas que la négociation sera très difficile, mais simplement que ces valeurs ne pourront pas interférer dans le cadre des discussions. En tout état de cause, plus vos négociations se passent à un haut niveau de l'organisation, plus les valeurs éthiques et déontologiques seront un levier important.

La somme de ces analyses donne du « poids » pour aborder la négociation

Vous avez à présent analysé l'ensemble des éléments du contexte dans lequel vous allez entamer le dialogue. Les différents éléments étudiés vous donnent un certain poids dans la négociation. Si rien ne vous est favorable, autant ne pas démarrer les négociations avec l'entreprise, du moins pas tout de suite. Notez que ce n'est pas l'épaisseur de votre dossier qui vous permettra d'être en bonne ou en mauvaise situation pour négocier : un maigre dossier avec de forts atouts politiques se révèle souvent bien plus efficace qu'un gros dossier sans atouts politiques.

À l'issue de cette analyse, vous devriez connaître les points d'accroche qui vont vous permettre d'amener l'entreprise au dialogue, votre capacité à rééquilibrer les rapports de force et les personnes avec lesquelles discuter. Il s'agit à présent de définir les objectifs propres à la négociation que vous allez mettre en œuvre.

Grille d'auto-évaluation 1

Clé 3 – Êtes-vous dans un bon rapport de force pour négocier avec un futur employeur ?

L'objectif de cette grille est de vous permettre de réfléchir et de prendre conscience de votre environnement actuel et de son évolution. Elle doit vous permettre de définir de façon rationnelle et structurée les rapports de force avant de vous engager dans un processus de négociation. Vous pourrez également vous demander si les propositions, même si elles ne vous concernent pas directement, pourraient apporter plus ou moins de force à un cadre en négociation.

	Oui	Non
Vous êtes un expert dans un domaine recherché.		
Vous avez travaillé longtemps dans un domaine et cherchez à en changer.		
Vous êtes l'homme (la femme) manquant(e) d'un projet qui présente des contraintes de délais.		
Vous postulez à un poste nouvellement créé/vous faites un remplacement.		
Vos résultats passés sont bons.		
Votre secteur d'activité est étroit et tout le monde se connaît.		
L'entreprise vous a connu via un chasseur de tête.		
Vous êtes sans emploi et avez besoin de « manger ».		
Vous avez d'autres propositions ailleurs.		
Votre futur patron vient d'arriver à son poste.		
Votre futur patron est dans l'entreprise depuis dix ans.		
Votre futur patron voudrait que vous commenciez le plus tôt possible.		
Votre interlocuteur est une personne des RH.		
L'entreprise doit livrer un produit rapidement et votre présence est utile.		
L'entreprise a d'autres candidats à voir.		

Grille d'auto-évaluation 2

Clé 3 - Êtes-vous en mesure de négocier un départ dans de bonnes conditions ?

L'objectif de cette grille est le même que celui du questionnaire précédent. Il s'agit de vous permettre de réfléchir et de prendre conscience de votre environnement actuel et de son évolution. Elle doit vous permettre de définir de façon rationnelle et structurée vos rapports de force avant de vous engager dans un processus de négociation. Vous pourrez également vous demander si les propositions, même si elles ne vous concernent pas directement, pourraient apporter plus ou moins de force à un cadre en négociation.

	Oui	Non
Votre entreprise n'a rien à vous reprocher.		
Elle est pressée de vous voir quitter l'entreprise.		
Le DRH est jeune.		
Votre employeur pense pouvoir vous manipuler sans trop de difficulté et que votre dossier sera facile à gérer.		
Votre embauche a été bien négociée (rattachement, fonction, voire parachute).		
Vous avez toujours obtenu de bons résultats.		
La relation avec votre supérieur hiérarchique est bonne.		
Vous subissez les « mouvements naturels » de l'entreprise et cela est indépendant de vous (fusion, restructuration, etc.).		
Vous souhaitez rester dans l'entreprise et vous vous battez pour retrouver un poste en interne.		

Clé 4

Clarifiez vos objectifs avant d'entrer en négociation

Vos objectifs personnels étant définis, le bon moment pour agir semble être arrivé. Vous avez identifié des points d'accroche vous permettant d'ouvrir un dialogue avec votre employeur. Il va s'agir maintenant de clarifier précisément les objectifs que vous souhaitez atteindre lors de la négociation, leur donner un ordre de priorité, voire un caractère rédhibitoire et trouver des solutions alternatives en cas de refus.

Toute négociation suppose un objectif clair. Il est stérile d'entrer dans un processus de négociation en se disant qu'il sera toujours temps de trouver les objectifs en fonction des propositions de son interlocuteur. Autrement dit : on ne peut obtenir que ce que l'on a imaginé. La question à se poser ici est donc : que voulez-vous obtenir ?

Nous verrons dans ce qui suit les objectifs suivant :

- Qu'est-ce qu'un objectif dans le cadre d'une négociation ?
- Qu'est-ce qui ne doit par être un objectif ?
- Transformer des problèmes en objectifs.
- Ne confondez pas vos objectifs et vos droits.

- Comment l'obtention de ce à quoi vous avez droit peut être un objectif ?
- Comment transformer un problème en opportunité professionnelle ?
- Comment être sûr que vos objectifs vous correspondent ?
- Comment savoir si ces objectifs sont réalistes ?
- Pourquoi donner à vos objectifs un ordre de priorité ?
- Comment avoir des alternatives et être créatif ?

Qu'est-ce qu'un objectif dans le cadre d'une négociation ?

Les objectifs correspondent ici à la question du « quoi ». Nous verrons par la suite que celle du « comment » relève de la stratégie. D'autres ouvrages l'ayant déjà fait à maintes reprises, ce livre ne se propose pas de lister tout ce qu'il est possible de négocier dans le cadre de la relation à l'entreprise. Rappelons cependant les éléments majeurs de toute négociation.

Les aspects financiers

Dans le cadre d'une négociation de départ, on pense évidemment à négocier les aspects financiers de la rupture. Certaines personnes, notamment les dirigeants, peuvent être sensibles au message que fera passer la société en interne pour indiquer les raisons de leur départ. Des moyens pour rebondir peuvent également être négociés. On y trouve par exemple le financement d'un outplacement, c'est-à-dire une prestation proposée par des cabinets spécialisés dans l'accompagnement des cadres à la recherche d'un nouveau poste ou celui d'entreprises spécialisées dans la création ou la reprise d'entreprise, etc.

Dans le cadre de la négociation d'une embauche, on pense également à l'aspect rémunération. Il importe à ce stade de prendre un peu de recul. Certes, tout le monde travaille pour gagner sa vie. Cependant, l'environnement économique actuel est tel que les entreprises ont le besoin croissant de se réorganiser pour faire face à la concurrence mondiale. Elles peuvent être amenées à se séparer de collaborateurs suite par exemple à l'arrivée d'un nouveau concurrent sur le marché, qui peut générer des ajustements de stratégie. Cela veut dire en schématisant que la durée de vie de votre rémunération est « de trois mois tous les mois », soit le préavis. En conséquence, axer toute une négociation sur la seule rémunération est certes important mais très limitatif.

La couverture des risques

Ce qui suit s'adresse davantage aux cadres expérimentés qu'aux débutants.

La plupart des négociations portent sur le niveau de la rémunération et très peu ont pour objectif de le pérenniser. Il importe donc de compléter les négociations sur la rémunération par des discussions sur la couverture des risques. L'allongement du préavis constitue un moyen de couvrir ces risques. Si votre préavis est de six mois au lieu de trois, cela vous donne forcément plus de temps pour retrouver un emploi et rebondir en toute sérénité.

La suppression ou la réduction de la durée de la période d'essai correspond à une négociation de réduction des risques. Si vous êtes débauché par une entreprise qui veut acquérir vos compétences et que vous êtes contraint de démissionner de votre entreprise actuelle, il peut paraître inconsidéré, voire d'une certaine façon irresponsable, au regard des risques professionnels que vous prenez, d'accepter une période d'essai.

Certains lecteurs s'exclameront peut-être : « *Mais, on n'a pas le choix !* » ; « *Cela s'est toujours passé comme cela, je ne vois pas comment on peut faire autrement* » ; ou encore : « *C'est la vie, c'est au salarié de prendre le risque et non à l'entreprise.* » Nous ne le pensons pas, et même si cela va à l'encontre des discussions récentes entre les partenaires sociaux, nous croyons plutôt qu'une bonne négociation constitue la recherche du point d'équilibre et que les risques devraient être partagés. C'est un des moteurs principaux de la négociation sur la période d'essai. C'est également un moteur important des négociations sur la protection financière en cas de rupture matérialisée par les « clauses parachute ». C'est une question de partage des risques.

Qu'il s'agisse de suppression de la période d'essai ou de négociation d'un parachute, il va falloir dans un premier temps identifier les risques et dans un second temps les expliquer de façon légitime à votre interlocuteur afin qu'il accepte d'en partager une partie. Ce sujet sera particulièrement développé dans la clé 7 « Sachez rendre toutes vos demandes légitimes ».

À ce stade, contrairement à ce que l'on croit, on peut conclure que tout est possible en négociation. C'est une question d'arguments, de rapports de force et de valeurs économiques aux yeux de l'entreprise. Rien ne doit être écarté. Et pour obtenir quelque chose, il est fondamental de l'avoir défini au préalable comme objectif.

Qu'est-ce qui ne doit pas être un objectif ?

Dans le cadre d'une négociation, les éléments suivants ne peuvent en aucun cas être considérés comme des objectifs :

- la vengeance ;
- l'envie de faire du mal ;
- le besoin de nuire à un individu ou à la société.

Ces sentiments peuvent être humains dans le cadre de négociations difficiles ou en réponse à des comportements de « voyou » de la part de certains individus au sein des entreprises. Cependant, si votre problématique de fond repose sur ces bases, la négociation ne pourra en rien vous servir.

Transformer des problèmes en objectifs

Cela fait cinq ans que vous travaillez dans votre société. Vous vous êtes toujours investi(e). Vos compétences et votre valeur professionnelle sont reconnues. Vous venez d'être nommé(e) responsable d'un nouveau projet stratégique pour l'entreprise. Mais vous comprenez très vite qu'il est transversal. Ah, au fait, vous avez bien lu : vous êtes nommé « responsable », ce qui ne signifie pas directeur ou directrice. Or, depuis le temps que vous exercez des responsabilités au sein de la société sans porter le titre correspondant pour autant, il vous paraîtrait normal de bénéficier enfin du titre de directeur et, quelque part, de tous les petits avantages auxquels ce type de collaborateur a droit.

Vous pouvez alors expliquer à votre patron votre insatisfaction, en vous montrant quelque peu bougon, voire râleur, et en lui faisant valoir que depuis tant d'années, il serait normal que vous soyez enfin reconnu(e) à votre juste valeur en obtenant le titre de directeur. Tout ce que vous dites est très bien. Vous avez sûrement raison. C'est votre point de vue. Après tout, votre juste valeur n'a-t-elle pas déjà été reconnue par l'entreprise puisqu'elle vous confie une nouvelle responsabilité stratégique ?

Cependant, une autre solution existe. Pour la trouver, répondez à la question suivante : en quoi et comment la résolution de mon problème pourrait légitimement servir les intérêts de l'entreprise ? Autrement dit, que devriez-vous dire à votre patron(ne) pour qu'il(elle) considère que non seulement votre demande du titre de directeur est légitime mais qu'en plus elle sert les intérêts de l'entreprise ?

Voici notre proposition : « *Le projet sur lequel je travaille est stratégique. Je vais avoir à coordonner les acteurs de façon transversale. Tout cela nécessiterait une autorité et une légitimité reconnues par l'entreprise. Je crains que mon titre de responsable ne fasse pas le poids face aux différents directeurs auxquels j'aurai affaire. Il me semblerait donc utile, comme un élément de réussite de la mission, que j'aie le titre de directeur.* » Et si vous souhaitez aller encore plus loin, ajoutez : « *Mais bien sûr, dès que le projet sera terminé, je ne vois aucun inconvénient à retourner à mon poste de simple responsable.* » Sous-entendu : d'ici là, les gens auront peut-être changé ou alors, j'aurai fait mes preuves…

Votre patron pourrait accepter ou refuser. Mais, formulée de la sorte, votre demande a plus de chances d'aboutir qu'exprimée de la première façon. Autrement dit, vous avez transformé un problème personnel en objectif qui pourrait servir légitimement les intérêts de la société en vous mettant en situation de réussir votre mission.

Ne confondez pas vos objectifs et vos droits

Ce point est très important. Dans le cadre de la relation avec l'entreprise, vous avez ou allez établir un contrat. Associé à la loi et à votre convention collective, ce dernier vous octroie un certain nombre de droits. Votre conseil juridique habilité vous expliquera précisément et exactement ce à quoi vous pouvez prétendre.

Mais ce n'est pas parce que vous avez droit à quelque chose que cette dernière doit se muer en objectif, sauf si votre but est simplement d'obtenir l'application de vos droits. Lors d'une négociation de départ, même si vous n'avez pas droit à un outplacement ou à un bilan de compétences, cela peut pourtant devenir un objectif dans la négociation.

Comment l'obtention de ce à quoi vous avez droit peut être un objectif ?

Cette question peut être déstabilisante. Le lecteur se dira sûrement : si j'ai droit à quelque chose, pourquoi devrais-je en faire un objectif ?

Les sociétés sont composées d'individus dotés d'une sensibilité plus ou moins accrue aux risques d'un éventuel contentieux juridique. Certaines entreprises vont même jusqu'à bafouer les droits des cadres en menaçant ces derniers de représailles sur leur image de marque en cas d'action en justice. On pourrait se croire dans un épisode du feuilleton américain *Dallas*, mais cela existe pourtant bel et bien. Dans ce cas-là, obtenir simplement ce à quoi vous estimez avoir droit (primes, commissions, etc.) peut être un objectif. Cela peut se faire de deux façons : l'action en justice ou la négociation.

Dans le cas où la voie de la négociation est retenue, il convient de garder à l'esprit que les pratiques de vos interlocuteurs peuvent parfois relever d'une éthique douteuse et qu'il sera peut-être nécessaire de jouer sur le même terrain de négociation pour les amener à plus de raison. Dit de façon plus limpide, il faudra adapter votre style de négociation à celui de votre interlocuteur. Exprimé, si vous le voulez, dans un style plus direct : à méthode de voyou, réponse de voyou ; à méthode de gentleman, réponse de gentleman. Si vous vous sentez capable de gérer une telle situation, allez-y, sinon, ne privilégiez pas la voie de la négociation directe.

Transformer un problème en opportunité professionnelle

La situation que nous allons à présent aborder pourra paraître moralisatrice à certains. Pour d'autres, ce sera peut-être un moyen de convertir ce qu'ils perçoivent comme un problème en une opportunité professionnelle. Cette opportunité pourra alors se transformer en objectif qu'il s'agira pour vous d'atteindre dans le cadre des négociations.

Les mouvements naturels de votre entreprise ont fait que bon an mal an, vos compétences ne sont à ce jour plus indispensables et votre poste devrait être supprimé. Vous pouvez, et personne ne saura vous le reprocher, vous lamenter sur votre situation et votre sort. Ne pouvant vraiment faire le deuil de la situation, vous pouvez trouver cela injuste et vouloir en découdre avec votre société.

Mais il est possible d'agir de façon totalement différente. En regardant la réalité en face, vous voyez bien que votre avenir n'est plus dans la société. La société a effectivement décidé de se séparer de vous. Par ailleurs, cela fait longtemps que trotte dans votre esprit le projet de monter votre propre entreprise sur la base d'une idée à laquelle vous croyez. Un rapide business plan de votre projet vous permet d'arriver à la conclusion qu'un capital de départ ajouté au financement de conseils pour la création d'entreprise associés à l'indemnisation chômage vous permettraient de donner vie à votre projet et finalement de réaliser votre rêve. Si, en plus, la société que vous allez quitter acceptait d'être votre premier client, voire de participer au capital de la société, vous seriez comblé.

Bonne nouvelle : tout ceci est largement envisageable dans le cadre d'un processus de négociation de départ. La discussion doit donc être bien menée afin dans un premier temps de négocier au mieux votre indemnité de départ tout en maintenant d'excellentes relations avec votre employeur actuel. Dans un second temps, vous pourrez légitimement vous confier à lui en lui présentant votre projet. Si ce dernier l'intéresse, il y a de fortes chances qu'il y participe d'une manière ou d'une autre. Au-delà des aspects financiers, l'employeur pourra avoir le sentiment d'avoir permis à l'un de ses cadres de rebondir dans les meilleures conditions. Certains employeurs utilisent même ces expériences pour mettre en avant, à juste titre d'ailleurs, leur sens des responsabilités et de l'éthique dans la gestion de leur personnel.

Comment être sûr que vos objectifs vous correspondent ?

Dans le cadre des négociations qu'un cadre mène avec son employeur, il pourrait paraître simple de dire que l'élément essentiel de toute négociation est l'argent. Dans le cadre d'une négociation de départ, le cadre cherche *a priori* à obtenir le maximum d'argent possible. Il en va de même pour les négociations d'embauche. Lorsqu'un cadre est promu en interne, il considère légitime que sa promotion soit accompagnée d'une augmentation salariale.

Mais cet objectif vous correspond-il vraiment ? Si vous êtes un jeune cadre débutant, il est évident que la rémunération constituera l'élément déterminant. Si à l'opposé, vous êtes un cadre dirigeant, le delta de rémunération que vous pourriez obtenir *via* une négociation sera probablement inconsistant au regard de la sécurisation de votre relation à l'entreprise ou de la pérennité dans l'exécution de missions.

Un objectif qui vous correspond est un objectif pour lequel vous êtes prêt(e) à vous battre. Il n'existe pas d'objectif absolu. Si dans le cadre d'une négociation d'embauche vous avez privilégié l'intérêt du poste à la rémunération parce que cela était votre objectif, ne le regrettez jamais.

Comment savoir si ces objectifs sont réalistes ?

La question de l'objectif réaliste représente un problème majeur. Ce sujet fait l'objet d'une clé à part entière (voir la clé 7). L'objectif que vous vous fixez doit forcément prendre en compte le contexte de l'entreprise à un instant donné.

Dans le cadre d'une négociation de départ, vous pouvez souhaiter obtenir une indemnisation conséquente. Cependant, si l'entreprise pour laquelle vous travaillez est à peine à l'équilibre financier, il y a peu de chances dans le cadre d'une négociation que vous obteniez satisfaction.

De même, si l'un de vos objectifs à l'embauche est d'obtenir un véhicule de fonction, mais que cela ne fait pas partie des usages de la société, il sera totalement irréaliste de le demander, voire d'en faire une condition à votre embauche. Si pour vous cet élément est déterminant, autant chercher un autre emploi dans une entreprise où il est d'usage d'attribuer un tel type d'avantage.

Pourquoi donner à vos objectifs un ordre de priorité ?

Vous pouvez dans le cadre de négociations vouloir plusieurs choses à la fois. En effet, tout peut vous paraître important. Par exemple, lors d'une négociation à l'embauche pendant laquelle vous sentez que l'entreprise a absolument besoin de vos compétences, vous pourrez être tenté de vouloir négocier la rémunération fixe, la rémunération variable, la période d'essai, la suppression de la clause de non-concurrence, etc. Cela indique que vous n'avez pas priorisé vos objectifs.

La construction d'une négociation équilibrée rend impossible d'obtenir satisfaction pour toutes vos requêtes. Aussi est-il important dans un premier temps d'identifier le ou les deux objectifs déterminants, voire rédhibitoires. Cela signifie que si vous n'obtenez pas satisfaction sur cet objectif, vous ne pouvez envisager de poursuivre la négociation. Les autres objectifs, eux, resteront secondaires et ne peuvent donc en aucun cas entraîner un échec des négociations.

Cette démarche est fondamentale. Votre interlocuteur sentira au cours des discussions que parmi vos demandes, certaines revêtent à vos yeux un caractère déterminant. Il prendra conscience que s'il souhaite que vous rejoigniez la société, il lui sera nécessaire de faire un effort et de vous donner pour tout ou partie satisfaction.

Pour votre part, cela signifie également que si vous avez obtenu satisfaction sur un point déterminant, vous vous engagez à accepter la proposition qui vous est faite. Ceci constitue une parenthèse, mais la négociation n'est pas un jeu gratuit. La parole a un sens.

Prenons l'exemple d'un cadre parisien chassé par une entreprise basée dans le sud de la France. La rémunération proposée était la même que celle pratiquée à Paris. L'élément le plus intéressant du poste proposé pour ce cadre était le défi de la création d'une nouvelle structure. Sachant qu'il devait la créer *ex nihilo* et déménager femme et enfants dans le sud du pays, il lui était indispensable que son éventuel futur employeur supprime la période d'essai et lui garantisse une protection en cas de rupture, appelée « clause de pérennité d'emploi » par les juristes. Cette clause lui garantissait, en cas de licenciement, deux ans de salaire à la signature et était dégressive pendant vingt-quatre mois, le temps pour lui de développer son activité et de faire face en cas de modification de la stratégie de l'entreprise. En l'espèce, aucune négociation n'a porté sur la rémunération.

Ayez des alternatives et soyez créatif

En technique de négociation pure, on parle de BATNA ou de MESORE, c'est-à-dire *Best Alternative to a Negotiated Agreement* ou MEilleure SOlution de REmplacement. Il s'agit en fait de solutions de remplacement au cas où votre interlocuteur refuserait de vous donner satisfaction à une ou plusieurs demandes. Le sujet est assez simple. Votre interlocuteur vous propose un niveau de rémunération à l'embauche qui ne correspond pas à vos attentes. Si le poste vous intéresse vraiment et que votre candidature séduit vraiment l'entreprise, la solution consistant à réajuster votre rémunération à l'issue par exemple de la période d'essai peut convenir aux deux parties. Les exemples de ce type sont multiples. Il ne s'agit pas de brader vos prestations mais de les obtenir d'une façon différente.

Grille d'auto-évaluation

Clé 4 - Savez-vous précisément ce que vous voulez obtenir de votre employeur ?

	Oui	Non
Avez-vous des objectifs clairs ?		
Êtes-vous en accord avec vous-même ?		
Vos objectifs sont-ils constructifs dans le cadre de la progression de votre carrière ?		
Vos objectifs sont-ils dénués d'affectif ?		
Êtes-vous certain que vos objectifs sont réalistes ?		
Avez-vous donné des ordres de priorité à vos objectifs ?		
Avez-vous identifié toutes les alternatives possibles pour trouver un accord ?		

Additionnez vos réponses. Plus vous avez de « oui », plus vos chances de succès dans le cadre d'un processus de négociation sont élevées : vos objectifs sont identifiés, clairs et vous ressemblent. En revanche, moins vous avez de « oui », plus vous devrez réfléchir sur vos motivations profondes avant d'entrer en négociation.

Définissez votre stratégie

Désormais vous savez où vous souhaitez aller et que c'est possible. Il va s'agir à présent de définir comment y aller. Tel est l'objet de cette partie. Définir une stratégie s'avère indispensable pour négocier, surtout si les discussions sont complexes. De cette stratégie va découler un plan d'action.

Nous allons voir les stratégies suivantes :

- La stratégie est une vision à long terme.
- Une stratégie pour amener votre interlocuteur au dialogue.
- Une stratégie pour avoir une ligne de conduite en toutes circonstances.
- Une stratégie pour avoir un temps d'avance sur les événements.
- Comment définir cette stratégie ?
- Avez-vous choisi la bonne stratégie ?
- C'est parti : le plan d'action.

La stratégie est une vision à long terme

Elle repose sur l'analyse de tout le contexte et constitue l'âme du scénario qui devrait se dérouler pour le règlement de votre dossier et l'atteinte de vos objectifs. Elle doit pouvoir se résumer en une à deux phrases maximum. Imaginez que vous deviez synthétiser un film à votre entourage en une seule phrase : vous devez procéder de la même façon pour votre stratégie.

Plusieurs stratégies étant possibles, il faut retenir celle que l'on « sent » le mieux et qui limite le plus possible les risques. Sauf événement majeur, par exemple le rachat d'une société, une restructuration, etc., la stratégie que vous allez définir sera constante à travers le temps et les étapes. Dans une bonne négociation, c'est vous qui allez écrire le scénario et faire en sorte que votre interlocuteur le joue en pensant que c'est lui qui est aux manettes. Sun Tzu quand tu nous tiens !

Prenons un exemple de stratégie qui sera développé dans la section consacrée aux cas pratiques. Vous êtes responsable d'une entité qui doit être vendue à une autre entreprise. Vos compétences sont indéniables et reconnues. Vos collaborateurs vous sont fidèles. Vous êtes un élément indispensable à la réussite de la vente et de l'intégration de la nouvelle entité dans l'organisation de l'entreprise acheteuse. Cependant, votre niveau de rémunération et votre âge étant, vous avez l'intuition qu'une fois la fusion réalisée vous pourriez être, voire vous serez remplacé par une personne plus jeune et moins chère. Dans ce cas, quelle stratégie envisageriez-vous de mettre en place ? Nous vous laissons le soin d'y réfléchir… avant de lire la solution présentée dans le Cas 2 page 149.

Une stratégie pour amener votre interlocuteur au dialogue

Qu'il s'agisse de négociations d'embauche, de repositionnement ou de départ, l'intérêt et l'objectif de la stratégie sont d'amener votre interlocuteur à la table des négociations.

Dans le premier cas, la stratégie peut avoir pour objectif de « donner envie » à l'entreprise de vous embaucher. Elle peut également viser à créer un terrain favorable à la négociation de vos conditions d'embauche, etc.

Dans le cadre de négociations de repositionnement ou de départ, une stratégie peut avoir pour objectif de débloquer une situation, ou de rééquilibrer les rapports de force ou encore d'empêcher qu'une situation malsaine ne se crée.

Une stratégie pour avoir une ligne de conduite en toutes circonstances

La durée des négociations peut être extrêmement variable. Dans le cas de négociations longues et complexes, un certain nombre d'éléments externes peuvent donner l'impression de perturber les discussions en cours. Il peut arriver à certains moments d'avoir l'impression que le contexte a été totalement modifié. En l'absence d'une stratégie claire, il n'est pas rare dans ce cas de se sentir perdu et de perdre pied.

Une autre raison pour adopter une stratégie est qu'elle permet de garder un fil conducteur tout au long des négociations, quoi qu'il arrive. Une fois que vous avez défini une stratégie, dans 99 % des cas vous n'avez aucune raison d'en changer. Aussi, en cas de perturbations dans le contexte ou l'environnement, rattachez-vous à votre stratégie comme à votre ligne de vie. Le contexte finira par s'apaiser et vous aurez maintenu le cap.

Définir une stratégie permet aussi d'éviter la dispersion et surtout la polémique. Toutes vos actions doivent être justifiées au regard de la stratégie choisie. Dans le cas contraire, vos actions n'ont aucune utilité dans le cadre de vos négociations.

Prenons un exemple récurrent d'action inutile : la polémique. Dans le cadre d'une négociation de départ, votre interlocuteur insiste déraisonnablement et avec une mauvaise foi évidente (ce qui peut constituer sa stratégie de négociation de sa part) sur le fait que vous arrivez systématiquement en retard à votre travail et que cela perturbe le bon fonctionnement du service.

À ses yeux, cela justifierait votre licenciement. Il s'avère qu'en réalité cela vous est effectivement arrivé deux fois mais que vous vous en étiez excusé auprès de votre responsable hiérarchique à l'époque. Vous comprenez la mauvaise foi *a priori* de votre interlocuteur. Ici, vous pouvez polémiquer ou ne rien dire. La polémique risque cependant de conduire votre interlocuteur à une attitude plus agressive à laquelle vous pourriez être tenté de répondre. Certaines de vos réponses pourraient vous être fatales. En tout état de cause, cela ne vous servira en rien dans votre stratégie. Notre recommandation, vous l'aurez deviné, sera alors de ne pas surenchérir et de simplement nier les réalités de ces griefs.

Une stratégie pour avoir un temps d'avance sur les événements

Si la stratégie que vous avez retenue est la bonne, vous avez forcément une longueur d'avance sur tous les acteurs. Vous savez très bien comment chacun d'entre eux va réagir à un, à deux, voire à trois coups. Ayant anticipé les différents cas de figure possible, vous ne serez jamais pris au dépourvu. En imaginant qu'un élément imprévu apparaisse, vous parviendrez rapidement à trouver une solution en adéquation avec la stratégie retenue.

Cette anticipation vous donne la maîtrise du processus et vous apporte de l'assurance pour toutes les négociations. Le recul que vous ressentez alors vous procure calme et sérénité. Votre interlocuteur percevra forcément cet état. C'est une force dans une négociation.

Comment définir cette stratégie ?

Définir une stratégie consiste à répondre à une seule question : comment faire pour atteindre l'objectif fixé ? La réponse à cette question suppose l'analyse précise du contexte telle que nous l'avons décrite dans la clé précédente. La formulation de la réponse doit se faire également en une phrase ou deux.

Par exemple, dans un cas très simple de négociations d'embauche, la question peut être la suivante : comment faire pour être sûr d'avoir obtenu la rémunération maximale que l'entreprise pouvait proposer pour ce poste ? La réponse, ou dit autrement, la stratégie, peut être d'apparaître comme l'homme/la femme indispensable pour le projet en cours.

Vous l'aurez compris, la question subsidiaire est de savoir comment faire pour donner l'impression d'être justement « la » recrue indispensable pour les projets en cours de la société. Cette réponse ne relève pas du domaine de la stratégie mais de la tactique. C'est parce que l'on a défini clairement une stratégie d'action que l'on peut engager une réflexion sur la tactique à mettre en œuvre et sur le plan d'action associé.

Avez-vous choisi la bonne stratégie ?

Il reste un problème important : celui de savoir si la stratégie retenue est la bonne, voire la meilleure possible. La meilleure stratégie est celle qui maximise les gains et minimise les risques. Dans le cas de négociations, il s'agit de celle permettant d'atteindre les objectifs que l'on s'est fixés en limitant les risques de conflit ouvert ou d'actions judiciaires dans le cadre de négociations de départ ou encore de perte de crédibilité ou de confiance dans le cadre des négociations d'embauche ou de repositionnement interne.

Pour répondre à cette question, il est nécessaire de faire la liste de toutes les stratégies possibles pour atteindre l'objectif. Puis pour chacune de ces stratégies, il convient de mesurer les gains possibles et les risques éventuels. Enfin, il faut retenir celle avec laquelle on se sentira le plus à l'aise. Soit dit en passant, au vu des enjeux, entamer cette démarche seul représente une opération périlleuse. Un conseil externe pourra vous aider à la mener à bien.

C'est parti : le plan d'action

À présent, voyons le pendant de la stratégie, à savoir le plan d'action. Ce dernier aurait pu faire l'objet d'une clé spécifique. Cependant, il est tellement associé à la stratégie que nous avons décidé de les traiter ensemble. Mener une stratégie sans plan d'action ou définir un plan d'action sans stratégie n'a aucun sens.

Le plan d'action va concrétiser toutes les réflexions que vous avez menées jusqu'à présent. Vous y définirez avec qui vous allez devoir discuter, la forme à utiliser dans les discussions, les messages à faire passer et les réactions que vous souhaitez obtenir.

Dans le cadre des négociations de départ ou de repositionnement, la première étape de mise en œuvre du plan d'action correspond généralement à une demande de rendez-vous formel ou à un e-mail récapitulatif d'une situation.

Dans le cadre d'une négociation d'embauche, la situation diffère un peu. Vous n'êtes pas maître du processus. Vous pourrez éventuellement chercher à l'influencer si votre rencontre avec l'entreprise s'est faite *via* un chasseur de têtes. Celui-ci pourra en effet, le cas échéant, vous aider à faire remonter des messages à l'entreprise.

Grille d'auto-évaluation

Clé 5 - Avez-vous choisi une stratégie qui vous permette d'atteindre vos objectifs ?

Ce questionnaire est une grille de réflexion et de préparation à la mise en œuvre. Il s'agit d'une check-list à pointer avant d'agir.

	Oui	Non
Pensez-vous avoir une stratégie ? Écrivez la question et la réponse correspondantes.		
Pensez-vous avoir envisagé tous les cas possibles ? Listez-les.		
Avez-vous identifié qui a le pouvoir de décider ?		
Savez-vous à quels arguments cette personne sera réceptive ? Listez-les.		
Avez-vous directement accès à cette personne ?		
Avez-vous imaginé les différentes étapes possibles ? Listez-les.		
Pensez-vous avoir les bons arguments pour amener votre employeur à vous écouter ? Listez-les.		
Votre plan d'action est-il clair ?		

Additionnez vos réponses. Plus vous obtenez de « oui », plus vos chances de succès dans le cadre d'un processus de négociation sont élevées, car vous vous êtes mis en situation de réussir votre négociation.

Clé 6

Préparez vos entretiens de négociation

La préparation des entretiens de négociation constitue la phase la plus importante et pourtant la plus souvent négligée dans les négociations. Le manque de préparation est responsable de 80 % des échecs de négociations. Aller à un entretien de négociations sans préparation reviendrait pour un comédien à jouer une pièce de théâtre sans avoir appris le texte. Certes, il pourrait improviser, mais s'en sortirait difficilement. La préparation d'une négociation suppose d'écrire et d'imaginer le scénario probable et les répliques de votre interlocuteur.

Nous verrons ici les points de préparation suivants :

- À quoi sert-il de préparer ?
- Combien de temps pour préparer ?
- Tout se joue lors de la pré-négociation.
- La négociation commence.
- La post-négociation, c'est encore de la négociation.
- Comment préparer ces entretiens ?
- Les messages à faire passer.
- Le ton à utiliser.
- Gérer les emportements.

- Les contre-arguments.
- Le bouclage de l'entretien et l'étape suivante.

À quoi sert-il de préparer ?

Tout d'abord, il convient de préciser ce que l'on entend par le mot « préparation ». Préparer un entretien c'est anticiper le comportement de son interlocuteur durant l'entretien. Nous avons ici un objectif prédéterminé.

La préparation va consister à répondre à la question suivante : que vais-je dire à mon interlocuteur pour qu'il décide lui-même de tirer des conclusions qui vont dans le sens de mon objectif ? Une question secondaire se pose : quels arguments va-t-il utiliser pour tenter de réduire mon pouvoir de négociation et quelles réponses devrais-je y apporter pour recentrer mon interlocuteur sur l'objectif que je m'étais fixé ?

Même si nous ne doutons pas de votre faculté de compréhension, nous vous proposons de relire ces deux questions à plusieurs reprises. Normalement, vous devriez vous dire : « *Mais c'est bien sûr !* » ; ou : « *C'est évident !* » Sinon, relisez encore les deux questions.

On remarque donc dès ce stade que la préparation a pour objectif d'influencer les décisions. On réalise également qu'elle ne doit pas laisser la place à la moindre improvisation. On voit enfin que tout est calé sur l'objectif et que sans ce dernier, la préparation se résume à du temps perdu.

Combien de temps pour préparer ?

Combien de temps peut-on imaginer passer à préparer un entretien, qu'il s'agisse d'une négociation d'embauche, de repositionnement ou de départ ? La règle est que plus l'entretien sera court, plus il faudra passer du temps à le préparer. Il est nécessaire ici d'intégrer le fait qu'une négociation donne rarement lieu à plus de trois échanges physiques. Aussi peut-il paraître logique que lors de ces échanges, les messages à faire passer le soient avec la plus grande précision, le plus grand tact et la plus grande finesse possibles.

La préparation d'un entretien d'une heure peut durer plusieurs jours si l'on intègre le temps de la maturation. En temps effectif, un entretien demande quatre à cinq heures de préparation. Trois entretiens, ce qui est le nombre moyen d'entretiens par négociation, demandent donc douze heures de préparation. Celles-ci permettent de définir l'analyse de la situation à l'instant des discussions, le message à faire passer, les arguments à fournir, la forme verbale à utiliser et la préparation psychologique. Elles n'incluent pas le débriefing de l'entretien.

Petite question au passage au lecteur : pensez-vous avoir passé autant de temps lors de la préparation de vos derniers entretiens de négociation ? Or, seule la préparation constitue le gage du succès. Lorsque vous êtes face à vos interlocuteurs, la négociation est en effet déjà presque jouée.

Dans le cadre d'un processus de négociation avec son entreprise, quelle que soit la phase, on compte trois grands types d'entretiens à préparer :

- les entretiens de pré-négociation, visant à amener l'entreprise à la discussion ;
- les entretiens de négociation, dont l'objectif est de négocier à proprement parler ;
- les entretiens de finalisation, qui permettent de formaliser les accords.

Tout se joue lors de la pré-négociation

Les entretiens de pré-négociation sont les plus importants de tout le processus. Ils permettent de créer, de modifier ou d'affirmer le rapport de force entre un cadre et son interlocuteur. Ils aident en outre à orienter ce dernier pour éviter tout risque de dérapage ou de conflit. Ils montrent également l'état d'esprit du cadre qui cherche d'abord et avant tout à trouver une solution par le dialogue et non par la menace, le chantage ou une agression quelconque. Ils indiquent enfin à l'interlocuteur le degré de motivation du cadre dans la démarche. En résumé, ils sont fondamentaux. Cependant, ils sont souvent préparés avec légèreté.

Cet état de fait signifie que dans la plupart des cas, le processus de négociation est entamé par le cadre au moment où se pose un problème, par exemple un licenciement ou un conflit ouvert.

À cette phase de la négociation, il ne s'agit pas de parler de chiffres, mais de demander à son interlocuteur de prendre ses responsabilités par rapport à une situation donnée.

Prenons l'exemple d'un cadre qui est écarté parce que ses compétences ne correspondent plus aux nouvelles orientations stratégiques de la société. Cela arrive et se produira encore. Sur un plan humain, il ne va pas forcément de soit que le cadre subisse de plein fouet les choix de sa société, tant à titre professionnel que personnel. Dans ce cas, mettre l'entreprise devant ses responsabilités revient à utiliser tous les leviers d'action disponibles pour qu'elle accentue son effort de reclassement, de formation ou ouvre le dialogue avec le cadre pour une séparation à l'amiable. Il ne s'agit pas pour le cadre d'attendre, mais de se montrer proactif.

Plus la pré-négociation a fait l'objet d'un travail précis et en profondeur, plus la première proposition de l'entreprise sera intéressante pour le cadre. Il en va aussi bien des négociations salariales pour une embauche que des négociations indemnitaires pour un départ. Autrement dit, plus le cadre a « mis de pression sur l'entreprise », plus il a de chances que la première proposition soit intéressante. Symétriquement, plus l'entreprise a « mis de pression sur le cadre », plus ce dernier sera malgré lui tenté d'accepter une proposition moyenne ou d'utiliser d'autres voies que la négociation.

Si cette phase de négociation est bien menée, il ne peut jamais se produire de conflit ouvert. À l'extrême, un différend peut toujours naître, reposant sur des bases totalement rationnelles. Il pourra se conclure soit par un arrêt des négociations à l'initiative des deux parties, soit enfin par un règlement en justice pour obtenir l'appréciation d'un juge.

En résumé, dans cette phase des négociations, tout n'est que tactique, stratégie, leviers d'action, politique…

La négociation commence

Les entretiens de négociation incarnent ce que tout le monde a à l'esprit lorsqu'on parle de négociations : l'argent. Ce n'est qu'à ce stade que l'on aborde les aspects financiers. Dit d'une autre façon, on ne pose pas la question de savoir combien coûte un produit quand on n'est pas d'accord sur le fait de l'acheter. Si vous ne voulez pas de pizza, auriez-vous à l'esprit d'en demander le prix au pizzaiolo, sauf par curiosité ?

Lorsque l'on arrive à cette phase, les interlocuteurs peuvent être un peu fatigués. Il faut être psychologiquement fort et ne rien lâcher. En effet, le premier qui cède a perdu. À titre d'exemple de pression qu'un cadre peut mettre sur son entreprise, retenons celle de négocier plusieurs offres d'embauche à la fois. Cette situation, utilisée avec tact et finesse – répétons-le avec tact et finesse par opposition à vanité et arrogance – a de fortes chances d'amener les entreprises à surenchérir pour obtenir les services d'un cadre. C'est tout simplement humain (*cf.* Cas 4 page 167).

À titre d'exemple de pression que l'entreprise met sur le cadre pendant les phases négociation, cette fois dans le cadre d'un départ, retenons l'intimidation d'un cadre consistant à le menacer de lui faire une mauvaise réputation sur le marché. Ce comportement très « bas » existe bel et bien. Un cadre sensible psychologiquement à ce genre d'arguments, peut *in fine*, se sentir terrorisé par la situation et accepter n'importe quelle proposition pour éviter les risques ou croire les éviter.

En résumé, dans cette phase, tout tourne autour de la pression psychologique.

La post-négociation, c'est encore de la négociation

Les entretiens de post-négociation revêtent également de l'importance, car il s'agit de mettre en musique, noir sur blanc, toutes les négociations qui ont eu lieu.

Dans le cadre de la relation entre un cadre et un employeur, les juristes d'entreprise ou les avocats rédigent les actes (protocole transactionnel, contrat de travail, avenant au contrat de travail, etc.) proposé aux salariés. Le cadre quant à lui, en fonction de son pouvoir de négociation et de sa volonté, peut soit accepter le document proposé sans discuter, soit demander des ajustements, soit enfin faire en sorte que les écrits soient validés et ajustés par son conseil.

Dans cette phase, la nature des compétences a complètement changé. Il ne s'agit plus de négociation, donc plus de stratégie, de tactique politique, humaine, psychologique ou professionnelle, mais de droit. Ce point est développé dans la clé 10, relative à la finalisation.

Comment préparer ces entretiens ?

En introduction de cette clé, nous comparions la négociation à une pièce de théâtre et sa préparation à la rédaction d'un scénario. Tous les entretiens de négociation respectent le même schéma de préparation. Il faut s'interroger systématiquement sur le message à faire passer, la façon de procéder ainsi que sur les réponses à donner aux objections de son interlocuteur.

La construction du scénario relève d'une réflexion extrêmement précise, par exemple : « *J'ai tel objectif. Pour l'atteindre, je veux obtenir telle réaction de mon interlocuteur. Connaissant la psychologie de ce dernier, quel message dois-je lui faire passer pour que sa réponse corresponde à ce que j'attendais de lui ?* »

Prenons un exemple. Lors d'une négociation de départ, l'interlocuteur côté entreprise est certain, à tort ou à raison, que le cadre a déjà trouvé un emploi ailleurs. Il fonde toutes les discussions sur cette hypothèse en utilisant des arguments du type : « *Vous avez déjà trouvé un emploi, donc vous ne subissez aucun préjudice* » ; « *Vous cherchez à faire une opération financière sur le dos de la société* » ; « *Vous nous prenez pour des imbéciles : nous savons que vous avez accepté un poste ailleurs !* » En conséquence, il propose au cadre un montant minimum dans le cadre d'un départ amiable dont ce dernier devrait se satisfaire.

Sur la base de l'hypothèse selon laquelle l'entreprise a proposé la négociation à la baisse du montant des indemnités de départ, vous avez pensé à tous les types d'arguments qu'elle pouvait présenter. Vous avez donc imaginé un scénario probable. À présent, il vous faut concevoir les parades de façon proactive (messages à faire passer) et réactive (réponses aux arguments).

Les messages à faire passer

Dans le cadre de la négociation, le cadre pourrait tenir le discours suivant : « *Je vais donc insister sur le fait que je n'ai pas trouvé d'autre emploi, que ma démarche n'est pas opportuniste, que je ne suis pas un chasseur de primes et enfin que l'indemnité que je cherche à négocier me permettra d'abord et avant tout de rebondir dans ma carrière avec sérénité* (que cela soit vrai ou non est un autre débat). *Retrouver un emploi alors qu'on est au chômage est déjà assez difficile comme cela. Je ne vais pas en plus ajouter des problèmes financiers !* »

Si vous agissez de la sorte dans ce « speech » initial et dans la mesure où votre hypothèse sur l'argumentaire de votre interlocuteur est juste, vous retirerez à ce dernier l'un des moyens de pression dont il disposait pour vous faire accepter une indemnisation plus faible. Il y aura sûrement d'autres arguments, mais si vous avez bien travaillé votre préparation, vous devriez pouvoir les contrecarrer systématiquement. L'intérêt de cette démarche est que dès lors que vous avez retiré à votre interlocuteur ses points d'accroche, il se montre logiquement beaucoup plus réceptif à vos arguments.

Le ton à utiliser

Le ton constitue un élément fondamental qui doit faire partie de votre négociation. Lors de la préparation, il faut vous interroger sur le ton que vous allez employer durant l'entretien. Comme toujours, il ne s'agit pas d'une valeur absolue. Il dépend fortement du rapport de forces constaté à un instant donné et de votre interlocuteur : ainsi, on ne s'adresse pas à un P-DG de la même façon qu'à un directeur opérationnel, un responsable des ressources humaines, etc.

En tout état de cause, nous vous recommandons de toujours donner l'impression d'avoir « une main de fer dans un gant de velours ». Cela signifie que le ton doit en toutes circonstances être courtois, poli et non agressif. Il n'est point besoin de hausser la voix pour durcir ses propos. Au contraire.

Enfin, il faut systématiquement dissocier le fond de la forme. Le premier doit être factuel, même s'il est dur. La forme, elle, doit être humaine, diplomate même si elle peut paraître naïve.

Gérer les emportements

Il peut vous arriver à certains moments de vous emporter. À un instant donné, votre interlocuteur a pu être de mauvaise foi ou pourra, pour une raison personnelle, ne pas être d'humeur à écouter vos requêtes. Cela peut arriver. N'hésitez pas à présenter vos excuses si vous pensez que vos emportements ont pu heurter votre interlocuteur. S'excuser dans le cadre d'une négociation ne constitue pas un aveu de faiblesse, mais une marque de respect pour votre interlocuteur. Évitez quand même de le faire trop souvent ! Sinon, cela indique que vous avez mal préparé l'entretien.

Plus vous aurez préparé la négociation, plus vous vous sentirez à l'aise face à votre interlocuteur et plus votre ton sera rond et calme. Cela se remarquera également à votre vitesse d'élocution qui, du coup, sera modérée, et à votre voix qui restera ferme.

Les contre-arguments

Maintenant que votre discours est prêt, que vous connaissez parfaitement les messages que vous souhaitez faire passer, il faut travailler les répliques et les contre argumentaires à toutes les objections que votre interlocuteur pourrait avoir. Avec l'expérience, on s'aperçoit que celles d'un interlocuteur côté entreprise sont toujours les mêmes.

Voici quelques phrases récurrentes dans 90 % des négociations de départ :

- « *250 000 euros, vous êtes fou ! »*

- « *La société n'ira pas au-delà de… et j'ai toute marge de manœuvre pour… »*

- « *Ce sera notre seule proposition. Après il sera trop tard, il n'y en aura plus d'autres. »*

- « *Acceptez ma proposition ! Mieux vaut ce montant tout de suite qu'une somme inconnue dans deux ans si vous allez aux prud'hommes… »*

- « *Vous aurez droit aux Assedic ! »*

Il existe une trentaine d'arguments types et autant de contre-arguments types ! Maintenant que vous le savez, il convient de travailler sur la réponse lors de la préparation.

Le bouclage de l'entretien et l'étape suivante

Durant l'entretien, vous avez fait passer un certain nombre de messages et votre interlocuteur a pu vous donner des réponses. Il convient à présent de reformuler sa position pour s'assurer que vous avez bien compris ses propos.

Par exemple, lors d'une négociation d'embauche pour un poste de directeur commercial, il peut s'avérer utile en fin de discussion de demander une confirmation : « *Juste pour être sûr d'avoir bien compris, le poste que vous proposez comprend la responsabilité des ventes, de l'avant-vente et de l'après-vente. Il restera toutefois à définir comment la société envisage de traiter le marketing.* »

Dans certains cas, notamment ceux où les négociations sont extrêmement tendues, il peut sembler utile de faire un compte-rendu des négociations par e-mail. Cette décision doit être pesée. Dans certaines négociations, un écrit pourra agacer votre interlocuteur. Mais dans d'autres, il pourra lui convenir dans le sens où cet écrit formalisera une étape des discussions. Un mode intermédiaire consiste à demander à votre interlocuteur s'il accepte que vous lui fassiez un compte-rendu.

Une fois que vous êtes d'accord sur l'état des discussions, il importe de prévoir la prochaine étape. Cela peut faire l'objet d'un rendez-vous, d'un appel téléphonique, etc. Vous aurez beaucoup plus de légitimité à prévoir la suite durant l'entretien qu'ultérieurement.

Grille d'auto-évaluation

Clé 6 - Avez-vous bien préparé votre prochain entretien de négociation ?

	Oui	Non
Avez-vous un objectif à atteindre à l'issue du prochain rendez-vous avec l'entreprise ?		
Les messages que vous voulez faire passer tiennent-ils en trois lignes et sont-ils clairs ?		
Visualisez-vous bien l'entretien et le jouez-vous souvent dans votre tête ?		
Avez-vous imaginé l'état d'esprit dans lequel était votre interlocuteur ?		
Avez-vous anticipé tous les arguments qu'il pourrait présenter ?		
Savez-vous quel ton vous allez employer ?		

Additionnez vos réponses. Si vous n'avez que des « oui », vous êtes apte à la négociation. Sinon, trouvez ce qu'il vous manque et travaillez-y !

Sachez rendre toutes vos demandes légitimes

Maintenant que tout est clair, il s'agit de rendre vos demandes légitimes aux yeux de l'entreprise, c'est-à-dire de faire en sorte que leur satisfaction soit conciliable, compatible avec l'intérêt et les contraintes de l'employeur. L'objectif ici est de déterminer ce qu'il est légitime de demander sans risquer de rompre les négociations ou de perdre en crédibilité.

Nous verrons dans ce qui suit les points suivants :

- Combien vaut votre dossier ?
- Une demande légitime a un sens économique.
- Argumenter, encore argumenter.
- Soigner la forme de votre demande.
- Pourquoi tant d'efforts ?
- Combien valez-vous en négociation d'embauche ou en interne ?
- Combien valez-vous en négociation de départ ?

Combien vaut votre dossier ?

La problématique de la demande légitime s'avère déterminante, qu'il s'agisse des négociations de départ ou d'embauche.

Négociations de départ

Dans ce cas de figure, il est d'usage pour estimer un montant demandé de se poser les questions suivantes :

- combien mon dossier vaudrait-il sur le plan juridique compte tenu d'éléments qu'il contient et de l'expérience de mon conseil ?

- combien les personnes récemment licenciées par mon entreprise ont-elles obtenu ?

Ces deux approches sont fondamentales car elles permettent d'obtenir des estimations et des benchmarks. Mais elles ont leurs limites du point de vue de la négociation.

La première démarche suppose l'existence d'un dossier constitué d'éléments qui revêtent une valeur juridique. Or, il arrive assez fréquemment que les cadres ne soient pas suffisamment alertés sur leur situation pour constituer tout au long de leur vie professionnelle une base d'éléments permettant de constituer ce dossier. Il faudrait en outre qu'ils soient informés sur la nature des éléments qu'il est nécessaire de conserver.

De plus, les dossiers sont parfois vides. Et pourtant, dans le cadre d'un processus de négociation, comme dans un jeu de poker, des techniques apparentées au bluff peuvent permettre d'obtenir des résultats extrêmement satisfaisants. Cela suppose bien sûr qu'il n'y ait aucune base juridique du type de ce que les juristes appellent « cause réelle et sérieuse », « faute », etc., qui dans tous les cas ne relève pas du processus de négociation tel que présenté dans cet ouvrage.

La seconde démarche est, elle, extrêmement limitative, car elle suppose l'existence d'une règle unique pour résoudre une situation au sein d'une entreprise, quelle que soit la nature du dossier. Or ce n'est jamais le cas. Même si les situations se ressemblent, chaque cas est particulier.

Le processus de négociation a pour objectif, quel que soit le dossier dont dispose le cadre, d'obtenir de la part de l'entreprise le maximum, et de façon individualisée, de ce qui est envisageable à un instant donné. Pour cela, ce processus utilise tous les leviers d'action existants : politiques, psychologiques, éthiques, économiques, etc. Plus votre positionnement dans l'entreprise est élevé, plus les actions politiques sont de nature à augmenter la valeur de votre accord financier.

Négociations à l'embauche

Dans le cadre de négociations à l'embauche, il est d'usage de déterminer son niveau de prétention en fonction d'une variation par rapport à son salaire précédent. Cela revient à faire totalement abstraction de la valeur intrinsèque que le cadre peut représenter à un instant donné aux yeux de l'entreprise.

Si celle-ci a fait des investissements importants et que le cadre est la femme ou l'homme de la situation, la valeur intrinsèque de ce dernier est probablement largement supérieure à la valeur de son ancien salaire majorée de 10 % ou de 20 %. Cela étant dit, le plus difficile est de déterminer la valeur intrinsèque de votre candidature pour l'entreprise. Le processus de négociation y apporte des réponses.

Rappelons au lecteur qu'une demande ne peut être présentée qu'après l'établissement d'un rapport de forces équilibré avec son interlocuteur. Autrement dit, parler de prétentions salariales trop vite a de fortes chances de rendre toute demande illégitime, voire de rompre toute négociation. De la même façon, indiquer le montant de l'indemnité de départ souhaitée sans avoir préalablement établi de rapport de forces risque de faire perdre toute crédibilité à la démarche et peut malheureusement conduire à la rupture des négociations.

Toute demande est légitime dès lors qu'elle est économiquement justifiée aux yeux de l'entreprise et présentée sous une certaine forme. Cette phrase résume toute la notion de demande légitime. Elle doit revêtir un sens sur le plan économique, être justifiée de la part du cadre par des arguments et enfin présentée sous une certaine forme.

Voyons à présent les points indispensables pour rendre votre demande légitime.

Une demande légitime a un sens économique

Tout d'abord, toute demande doit revêtir un sens sur le plan économique. Cela signifie plusieurs choses.

Si l'on se place dans le cadre d'une négociation de départ, il importe de garder à l'esprit que les indemnités perçues par le cadre n'ont pas pour vocation première (ni seconde d'ailleurs) d'enrichir ce dernier, mais de lui permettre de réparer un préjudice afin qu'il puisse rebondir sereinement et poursuivre sa carrière dans les meilleures conditions. Trop de gens aujourd'hui oublient cette règle de base qui constitue l'un des fondements majeurs des négociations. Notez d'ailleurs que les DRH perçoivent très bien dans l'attitude et la démarche du cadre si celui-ci cherche à faire de la négociation de son indemnité de départ une opération économique où s'il souhaite réellement assurer la pérennité de sa carrière.

En revanche, si l'on respecte cette règle de base, il est toujours possible, sauf cas extrêmes, de trouver un accord amiable à une situation. Il est certain qu'une demande n'aura pas le même effet ni le même impact sur une entreprise prospère que sur une entreprise à la trésorerie tendue. Une demande n'aura pas non plus le même effet si le cadre travaille dans un secteur d'activité en forte croissance pour lequel le marché de l'emploi est florissant ou plutôt dans un domaine en récession où les places sont chères. Autrement dit, une démarche légitime tient compte du contexte de l'entreprise.

Elle tient également compte de la situation spécifique du cadre. Une demande n'aura pas le même effet si le cadre est plus proche de la retraite que de son entrée dans la vie active, s'il exerce des fonctions de direction générale ou de consultant junior. Le nombre de postes accessibles au premier est beaucoup plus restreint que ceux accessibles au second et sa capacité à retrouver un emploi du même type après avoir été licencié s'avère extrêmement réduite. Le consultant junior, au contraire, a des possibilités beaucoup plus étendues de retrouver un poste, compte tenu mécaniquement du plus grand nombre de postes existants.

Argumenter, encore argumenter

Toute demande doit être justifiée par des arguments. Cet aspect est trop souvent négligé par le cadre tant sa demande lui paraît évidente. Or l'argumentation permet d'étayer un raisonnement qui aboutit à un chiffre. En agissant de la sorte, qu'il s'agisse de négociation à l'embauche ou au départ, l'entreprise pourra acquiescer ou réfuter certains arguments, mais ne pourra pas tous les rejeter en bloc.

Notons que l'effet induit de cette démarche est que le seul fait que l'entreprise accepte de discuter des arguments constitue déjà une victoire en tant que telle : cela signifie qu'elle accepte le dialogue et donc la négociation.

Plaçons-nous dans le cadre d'une négociation pour l'embauche. Certains cadres considèrent par exemple que, compte tenu de leur niveau hiérarchique, une protection financière en cas de rupture dite « parachute » représente une évidence. Il est assez fréquent alors que l'entreprise interprète cette demande comme de la crainte de la part du cadre à s'engager « corps et âme » pour l'entreprise et ses projets. Le résultat est souvent une rupture de la négociation.

Prenons un autre cas simple, celui d'un cadre supérieur non dirigeant vivant depuis toujours en région parisienne, à qui une entreprise demande de déménager aux États-Unis dans le cadre de la création d'une filiale locale. Ce cadre supérieur va être amené à faire des choix qui vont non seulement avoir un impact sur sa carrière, mais également sur toute sa famille. En effet, ses enfants devront changer d'école et son épouse sera peut-être amenée à abandonner son emploi pour le suivre. Mais si pour une raison quelconque indépendante de la volonté et des compétences du cadre, l'entreprise était amenée à changer de stratégie et à réviser sa politique d'implantation locale, la nouvelle recrue se trouverait malgré elle dans une situation professionnelle et personnelle instable et déstabilisante.

Essayez de visualiser la situation comme si vous étiez à sa place. Pensez-vous qu'il soit illégitime de demander qu'au cas où la société décidait dans un délai par exemple de deux ans de fermer sa filiale et de licencier, notre cadre puisse dès à présent convenir par contrat du montant d'une indemnisation lui permettant de rebondir sereinement en préservant le plus possible sa famille ? Non, cela n'est pas illégitime et cette démarche, si elle est bien construite, porte souvent ses fruits. Elle donne lieu à une clause que les experts appellent « pérennité d'emploi » ou dans « parachute » le langage courant. De plus, si on se place du côté de l'entreprise, celle-ci s'assure par là même d'embaucher un cadre serein qui pourra se consacrer totalement au développement de son activité et à la réussite de sa mission.

Soigner la forme de votre demande

La forme constitue un autre principe de base de la négociation entre le cadre et son employeur. Dans notre exemple précédent, le cadre aurait pu dérouler le scénario que nous avons défini en concluant par une demande de parachute. Cette démarche peut s'avérer pertinente, mais comporte un risque, celui que l'entreprise réponde : « *Nous acceptons vos arguments, mais une clause parachute est impossible car cela ne se fait pas dans l'entreprise.* »

Pour contrer cela, il faut que votre démarche amène progressivement votre interlocuteur à se mettre à votre place. Autrement dit, le cadre doit dérouler son argumentation et demander « naïvement » quel type de solution la société pourra mettre en place pour lui permettre de prendre ses responsabilités et d'accomplir ses missions sans craindre que des événements extérieurs à lui remettent tout en cause et nuisent à sa vie professionnelle et personnelle.

Les sociétés, et notamment les DRH, sont suffisamment expérimentées et conseillées pour vous proposer des solutions. Mais à la différence de la première démarche, la solution viendra d'eux. Vous n'aurez rien demandé ou presque et suffisamment bien présenté le problème pour qu'ils comprennent votre position et trouvent des solutions dès lors qu'ils sont convaincus que vous êtes la femme ou l'homme de la situation. C'est cela la négociation.

Autrement dit, dans la forme, plus vous suggérez et moins vous demandez, plus vos chances d'obtenir satisfaction sont grandes. Cette démarche s'applique de la même façon pour les négociations de repositionnement ou de rupture.

Pourquoi tant d'efforts ?

Après avoir défini la notion de « demande légitime », il convient d'expliquer plus en détail pourquoi justement il est nécessaire, dans le cadre d'un processus de négociation, de faire tant d'efforts pour rendre une demande légitime.

Première raison

Plus une demande semble économiquement légitime à votre interlocuteur, plus vous aurez de chances d'obtenir satisfaction. C'est mécanique.

Deuxième raison

Il est nécessaire que votre interlocuteur, en l'occurrence l'entreprise, y trouve également son intérêt. Une demande mal formulée n'apparaîtra pas légitime aux yeux de la société.

Prenons l'exemple simple d'une négociation salariale en cours de contrat. La société dans laquelle vous travaillez doit réaliser un projet stratégique dans un délai de six mois. Tout le monde a conscience de la difficulté de la tâche, compte tenu des délais associés. De votre côté, vous réalisez que pour tenir les délais, il vous faudra probablement travailler les week-ends, voire annuler les vacances que vous aviez prévues avec votre famille. En parallèle, vous êtes vraiment très motivé pour réussir votre mission.

Le point de vue et l'intérêt de la société sont clairs : le projet doit être réalisé dans les temps. Votre point de vue est limpide : vous êtes motivé, mais atteindre l'objectif de la société vous demandera un certain nombre de sacrifices de nature exceptionnelle. À partir de là, il n'y aurait rien d'illégitime à présenter la situation à la société et à imaginer qu'en contrepartie de l'aboutissement du projet dans les délais impartis, une prime spécifique vous soit versée. Votre demande entre en effet dans le cadre de la démarche de l'entreprise.

Celle-ci peut avoir intérêt à accepter cette demande qui pourrait lui paraître comme un gage supplémentaire de réussite du projet global. L'entreprise pourrait également refuser la démarche à court terme, mais il est fort probable que si le projet s'achève dans les temps, l'employeur vous sera reconnaissant et vous accordera une gratification, de quelque nature que ce soit.

L'important ici est que le fait d'avoir rendu votre demande légitime n'est pas considéré comme du chantage par l'entreprise, mais comme la recherche d'un équilibre global de la relation.

Troisième raison

Celle-ci est de nature beaucoup plus humaine et psychologique. Lorsque vous entreprenez des négociations avec votre entreprise, vous discutez finalement avec une femme ou avec un homme comme vous. Lorsque l'on échange avec vous et surtout que l'on demande quelque chose, il vous semble évident que vous souhaitez avoir le sentiment d'être respecté et ne tolérez aucune sorte de chantage ou d'arrogance. Il en va donc de même pour votre interlocuteur.

Si dans le cadre de la négociation d'un départ, vous adoptez une démarche consistant à déclarer : « *Je veux obtenir vingt-quatre mois de salaire ou je vous traîne devant les tribunaux* », votre interlocuteur va sûrement très mal le vivre. Il est probable qu'il transfère immédiatement le dossier au service des ressources humaines, voire au service juridique de la société et refuse tout dialogue avec vous.

Si maintenant vous optez plutôt pour une démarche consistant à expliquer votre situation – par exemple, compte tenu de votre âge, de votre secteur d'activité, de vos compétences, etc., dix à douze mois de salaire vous seront vraisemblablement nécessaires pour retrouver un emploi, période pendant laquelle vous n'allez toucher que x % de votre revenu *via* les Assédic, sans oublier la période de carence –, votre interlocuteur, même s'il ne vous répond pas immédiatement favorablement, se montrera réceptif car il aura l'impression que vous l'avez respecté dans son rôle et que dans tous les cas, c'est lui qui dirige.

Ne vous y trompez jamais : dans un processus de négociation, c'est toujours l'entreprise qui dirige. Le rôle de la négociation est de structurer les discussions et d'influencer les décisions que l'entreprise pourra prendre. C'est tout mais c'est déjà beaucoup.

Quatrième raison

Cette explication est d'ordre plus technique. Pour mener à bien les négociations, il faut en permanence rester crédible aux yeux de votre interlocuteur. Si à un moment donné, vous diminuez votre crédibilité, vous amputez les résultats de la négociation. Cela peut sembler un peu caricatural, mais il est extrêmement difficile de reconstruire sa crédibilité auprès d'un interlocuteur dès lors qu'elle a été écornée. Argumenter et justifier ses demandes en recherchant le plus possible un intérêt pour l'entreprise constitue un gage de crédibilité.

Cinquième raison

La cinquième et dernière réponse est finalement peut-être la plus importante. Il arrive en négociation que votre interlocuteur soit le décideur final. Dans ce cas, vous devez le convaincre de trouver un accord direct avec lui. À l'exception des présidents de sociétés non cotées, personne ne peut prendre de décision engageant la société de façon conséquente sans en référer à une hiérarchie quelconque. Le montant d'une indemnité de départ du président d'un conseil d'administration est généralement soumis à l'accord du conseil ; celui d'un directeur commercial à l'accord d'un directeur général et/ou du DRH, celui d'un jeune consultant à l'accord d'un responsable des ressources humaines, etc.

Ainsi, si les négociations se passent avec un DRH, celui-ci sera probablement amené à valider le montant de l'indemnité avec le patron de l'entité dans laquelle vous travaillez. Parfois, vous pouvez être amené à négocier en direct avec ces décideurs de dernier ressort. Mais cela reste assez rare.

Aussi, pour influencer le plus possible en votre faveur la décision, il importe de donner à votre interlocuteur direct tous les arguments de votre dossier. En agissant de la sorte, vous vous assurez que votre message sera compris et donnez à votre interlocuteur les arguments dont il peut avoir besoin pour défendre votre cas en interne.

Notez au passage qu'il existe un autre effet induit positif de cette démarche. Votre interlocuteur informera les décideurs que votre état d'esprit est positif et constructif. Or cela s'avère déterminant pour la suite des discussions.

Combien valez-vous en négociation d'embauche ou en interne ?

Dans le cadre d'une négociation d'embauche ou en interne, la problématique de la demande légitime se pose de la même façon. Combien de négociations ont échoué parce qu'une partie était tellement persuadée de sa force qu'elle n'a même pas pris le temps de considérer son interlocuteur et de justifier ses demandes... C'est souvent le cas pour des problématiques de rémunération. L'interlocuteur a trouvé les demandes du cadre arrogantes et décidé avec plus ou moins de forme et de courtoisie de mettre fin à toute négociation.

Lors d'une embauche

Ce point revient souvent : lors d'une embauche, à quel moment doit-on négocier sa rémunération ? La réponse semble très claire et selon nous, toute démarche cherchant à montrer le contraire n'est que prétexte.

Lorsqu'une entreprise vous embauche, elle « achète » des compétences. Il faut donc d'abord et avant tout qu'elle soit convaincue que vous disposez bien des compétences requises pour le poste ou le projet. Nul besoin donc de discuter des conditions de rémunération tant que votre interlocuteur n'est pas convaincu que vos compétences répondront aux besoins de l'entreprise. Corrélativement, dès que cette dernière a conscience que vous êtes la femme ou l'homme de la situation, elle devient alors prête, mûre pour discuter le « prix », à savoir votre salaire.

Cela signifie qu'il est nécessaire de contourner systématiquement la réponse à la question concernant vos prétentions tant que vous n'avez pas obtenu de signes montrant que l'entreprise vous a retenu, ou presque.

En interne

Prenons à présent le cas de l'augmentation de responsabilité au sein de l'entreprise sans modification du titre, pour reprendre un exemple cité précédemment. Vous venez d'être nommé responsable d'un grand projet transversal au niveau mondial. Dans le cadre de ce projet, vous êtes amené à négocier des ressources et des réalisations avec chacun des directeurs des différentes filiales. Il faut bien comprendre que ces derniers ont bien travaillé jusqu'à présent sans votre projet et ne vous ont pas attendu. En d'autres termes, pour accomplir votre mission, il va falloir parfois vous montrer courtois, parfois malin, mais aussi immanquablement autoritaire. Vous devrez donc bénéficier d'une certaine légitimité pour agir de la sorte. Il faudra par exemple que vous puissiez vous adresser directement au directeur général du siège le cas échéant, et occuper un niveau hiérarchique au moins comparable à celui des directeurs des différents pays auprès desquels vous allez agir.

Autrement dit, alors que vous avez été nommé responsable de ce projet, il est rapidement estimé qu'un titre de directeur constitue un élément déterminant pour la réussite de ce projet et donc pour le bien de l'entreprise. Vous avez donc là votre argumentaire pour demander le titre de directeur !

Il sera accepté ou refusé selon votre force de conviction ainsi que certaines contraintes internes à l'entreprise. S'il ne vous est pas accordé dans un premier temps, vous pourrez être à même de le redemander dans un second temps si les faits montrent que la non-obtention d'une autorité officielle comme celle des directeurs pays a nui jusqu'à présent à l'avancement du projet. Il pourra vous être donné par la suite. Mais dans tous les cas, votre démarche est légitime.

En résumé, plus votre argumentaire repose sur l'intérêt de l'entreprise, plus vos chances d'obtenir satisfaction sont fortes, quelle que soit votre demande. Maintenant, à vous de trouver l'intérêt de l'entreprise.

Combien valez-vous en négociation de départ ?

Nous allons nous interroger pour savoir comment construire une demande économiquement légitime et quel type d'arguments nous pourrions utiliser dans le cadre de notre démarche. Le premier objectif dans la détermination de la valeur d'une demande consiste à trouver une base de réflexion suffisamment large pour engager le dialogue.

Un impact financier et très visible

Privé de son emploi, le cadre va perdre sa rémunération. L'assurance chômage va s'y substituer partiellement pour un délai donné. Le chiffrage de l'impact financier va tenir compte du temps nécessaire au cadre pour retrouver un emploi au même niveau salarial. La DARES (Direction de l'Animation de la Recherche, des Études et des Statistiques), rattachée à l'Assédic, fournit des tableaux du temps moyen nécessaire pour retrouver un emploi en fonction du secteur d'activité et du métier. Cette statistique doit être par la suite ajustée selon que l'on occupe des fonctions plus ou moins importantes dans l'entreprise, que le secteur d'activité est étroit ou large, etc.

Mathématiquement, l'impact financier peut être évalué approximativement de la façon suivante : salaire × [nombre de mois de carence Assédic + (Nombre de mois pour retrouver un emploi × (1 - y % pris en charge par l'assurance chômage))].

Il existe aussi un impact financier induit consécutif au fait que, sans emploi, votre capacité de négociation salariale se trouve réduite et qu'il est possible que vous démarriez un nouvel emploi à un niveau de salaire inférieur au précédent. Formulons l'hypothèse que votre nouvelle rémunération sera de 10 % inférieure à la précédente. Compte tenu des augmentations moyennes de 3 % par an, on peut en déduire qu'il vous faudra environ trois ans pour retrouver votre niveau de rémunération antérieur. De la même façon, l'impact financier induit peut être approximativement évalué de la façon suivante :

salaire × $(1 + 3 \%)^3$. C'est mathématique et simple à déterminer.

Un impact moral

Le fait qu'un cadre se retrouve subitement sans travail peut avoir des conséquences désastreuses sur son estime de lui, sa vie de famille, sa vie sociale. Il est malheureusement fréquent de rencontrer des cadres qui, une fois au chômage, en plus d'avoir perdu leur emploi, n'ont plus d'amis et ont parfois vu leur conjoint les quitter. Comment quantifier l'impact psychologique sur une personne tant il s'agit là d'appréciation personnelle ?

La valorisation constitue une question d'appréciation. Dans le cadre des négociations menées, vous serez amené à procéder de la même façon.

Un impact sur la carrière

Selon nous, cet impact reste assez largement ignoré par la valorisation des préjudices que le cadre subit. Être démis de ses fonctions alors qu'on a été directeur général ne constitue pas forcément le « booster » le plus intéressant dans une carrière.

L'image de marque et la réputation d'un individu peuvent être écornées. Son carnet d'adresses professionnelles peut se réduire comme peau de chagrin avec le temps, etc. Comme pour le préjudice moral, le préjudice de carrière est difficilement quantifiable de façon rationnelle. Le montant reste à la libre appréciation de chacun.

Nous avons tenté de déterminer le plus rationnellement possible tous les éléments nous permettant d'avoir une vision très précise de l'ensemble des impacts consécutifs à la rupture d'un contrat de travail. L'entreprise n'a pas pour vocation à les compenser tous. La seule assurance existant aujourd'hui pour les cadres est l'assurance chômage.

La détermination de tous les préjudices nous a permis de fixer la fourchette haute de la négociation. Au-delà du fait d'arriver à la négociation avec des éléments concrets, cette démarche rassure le cadre et rationalise ses risques pour l'avenir. De la sorte, les débats sont beaucoup moins passionnels et beaucoup plus factuels. En conséquence, ils sont forcément plus efficaces et constructifs.

Grille d'auto-évaluation

Clé 7 - Vos demandes sont-elles légitimes ?

Cette grille est un support de réflexion et permet de vérifier que vous serez crédible dans le cadre de vos futures négociations. Prenez un papier et un stylo et répondez aux questions suivantes.

1. Toutes mes demandes ont-elles un caractère légitime aux yeux de l'entreprise ? Si oui, qu'est-ce qui m'y fait penser ? Écrivez tous les arguments qui vous laissent penser que vos demandes sont économiquement légitimes. Pour chacune de vos réponses, trouvez au moins un argument qui ferait que l'entreprise pourrait accepter votre demande.

2. Ai-je bien préparé la formulation de mes demandes tant sur le fond que sur la forme ?

3. Vous négociez votre départ. Ai-je une vision précise de toutes les conséquences de la rupture sur ma vie personnelle et professionnelle ? La demande financière que j'ai faite à mon entreprise est-elle cohérente avec l'évaluation précédente ?

4. Vous négociez une embauche. Ai-je des éléments concrets vous permettant de penser que vos demandes déjà faites ou à venir sont cohérentes avec la perception qu'a l'entreprise de ma valeur économique ?

Clé 8

Les vingt erreurs à ne pas commettre

La négociation est un sport de combat qui se pratique avec des mots. Cette huitième clé est probablement la plus importante, car si vous évitez de commettre des erreurs, vous augmentez considérablement vos chances de vous en sortir avec brio. De façon assez surprenante, les mêmes causes produisent les mêmes effets et les erreurs présentées ci-après conduisent systématiquement à l'altération voire à la rupture des négociations.

Le postulat de base consiste à comprendre que l'entreprise cherche *a priori* et en toutes circonstances la solution la moins coûteuse et que le cadre souhaite obtenir la solution la plus rentable. La notion de coût pour l'entreprise intègre à la fois les indemnités ou le salaire qu'elle pourrait verser au cadre, les coûts internes de gestion du dossier par les RH, tous les frais dérivés éventuels, à savoir ceux des juristes (avocats, etc.) ainsi que les effets induits tels que l'éventuel impact sur les équipes présentes dans l'entreprise, etc. La notion de rentabilité pour le cadre intègre le montant qu'il va recevoir dans le cadre de son emploi ou à l'issue de la rupture.

Toutes les actions des parties en présence seront gouvernées par ces deux objectifs opposés. C'est à partir de ce postulat de base que les cadres commettent de nombreuses erreurs. Pendant une phase de négociation, l'entreprise va chercher en permanence à connaître les intentions de ce dernier et à savoir jusqu'où il est prêt à aller. Elle va utiliser toutes les erreurs qu'il pourra être amené à commettre pour réduire, voire anéantir sa capacité de négociation. Dans certains cas, elle peut même chercher à provoquer des erreurs de sa part. Notez bien que, dans le cadre de ce qui nous intéresse dans cet ouvrage, l'entreprise peut être amené à provoquer des « erreurs » et non la « faute » dans le sens où les juristes l'entendent.

L'employeur répondra donc coup pour coup à la démarche de négociation du cadre et toutes ses erreurs seront exploitées. Mais dès lors que ce dernier a compris qu'il s'agissait d'un « jeu » et que l'entreprise avait toute légitimité à agir ainsi, il rationalisera le processus et ne le prendra pas comme une affaire personnelle.

En résumé, voici les vingt erreurs à éviter :

- Penser que le principe d'une négociation est un acquis.
- Brûler les étapes.
- Dévoiler son jeu.
- Négocier avant d'avoir verrouillé le processus.
- Rendre un dossier « public » en cours de négociation.
- Ne pas respecter les niveaux hiérarchiques.
- Tomber dans le paternalisme et la relation affective.
- Considérer que l'entreprise vous doit quelque chose.
- Faire des menaces directes à votre employeur.
- Parler à plusieurs interlocuteurs au même moment.
- Montrer de l'empressement.
- Entrer dans la polémique.
- Ne pas comprendre la problématique de votre interlocuteur.
- Passer pour un chasseur de primes opportuniste.

- En faire une affaire personnelle.
- Faire des demandes illégitimes ou fantaisistes.
- Ne pas respecter les individus.
- En faire une question de principe.
- Évoquer vos problèmes personnels.
- Négocier seul.

Penser que le principe d'une négociation est un acquis

Penser que le principe de la négociation est un acquis est une erreur relativement courante. Elle vient du fait que le cadre pense que naturellement une entreprise a intérêt à négocier un accord et qu'il n'a pas forcément à s'en justifier. Autrement dit, suite par exemple à un licenciement, il est fréquent que le cadre aille à la rencontre de l'entreprise « la fleur au fusil » en lui demandant une indemnisation pour licenciement. La réponse de l'employeur est alors quasi systématiquement la suivante : « *Qui vous a dit que l'on voulait négocier ?* » Dans le cadre d'une négociation salariale, de la même façon, aller à la négociation sans avoir au préalable établi un terrain de négociation équilibré ne mène à pas grand-chose.

Non seulement cette erreur est fréquente, mais en plus elle nuit considérablement à toute négociation ultérieure. En effet, annoncer à son interlocuteur qu'on est prêt à négocier sans avoir préalablement créé un rapport de force revient à lui avouer que l'on dispose de peu de cartes en main, que l'on a peur de les jouer et que l'on n'est pas sûr de son coup. Pourquoi voudriez-vous alors que l'entreprise fasse alors le moindre effort ? Si vous étiez à la place de l'entreprise, ne feriez-vous pas pareil ?

L'acceptation d'une négociation doit se faire à partir du moment où vous connaissez toutes les cartes de l'adversaire et où celui-ci a connaissance d'un certain nombre de cartes que vous avez bien voulu montrer. Il acceptera d'autant plus facilement les négociations qu'il aura le sentiment que les dossiers sont équilibrés. Il verra dans la négociation une économie de temps et de souci.

Étonnamment, si le rapport de forces semble de façon trop évidente en votre faveur, il est probable que l'entreprise refuse la négociation, car elle pense que vous allez être amené à lui demander bien plus que ce qu'elle pourrait être amenée à payer par la voie judiciaire. Aussi, le bon dosage pour engager une négociation se résume-t-il à un subtil équilibre donnant l'impression aux parties que leurs dossiers sont du 50/50 dans toutes leurs dimensions.

Brûler les étapes

Nous avons identifié un certain nombre d'étapes, qualifiées de « clés ». La plupart des échecs en négociation viennent du fait que les cadres n'ont pas conscience de l'existence de ces différentes clés ou les considèrent avec dédain tant ils sont certains de leur coup.

Clarifier les objectifs

La clé 1 a pour objet de vous permettre de réfléchir à vos motivations profondes. Une fois que vous avez défini ce qui vous motive réellement, il vous est beaucoup plus naturel de vous battre dans le cadre des négociations et des discussions menées avec vos différents interlocuteurs. Savoir pourquoi vous vous battez vous permet également d'affronter avec courage les passages difficiles de certaines négociations. L'absence de motivation profonde génère souvent de la confusion.

La clé 2, elle, vise à définir précisément le contexte dans lequel ont lieu vos discussions. Ce contexte est par définition indéchiffrable sans une analyse approfondie qui nécessite un travail de recul important pour bien comprendre l'environnement dans lequel se situent les négociations.

C'est dans ce cadre que la clé 3, celle qui vous permet de clarifier vos objectifs, prend tout son sens. Elle aide à mettre en adéquation vos objectifs idéaux avec la réalité de l'entreprise, évitant ainsi notamment des demandes farfelues ou illégitimes.

Établir une stratégie

Maintenant que vous avez trouvé des objectifs constituant une sorte de compromis entre vos souhaits et ce qu'il est possible d'obtenir, il devient relativement facile d'établir une stratégie. En effet, toute négociation suppose une stratégie, qui représente le fil conducteur de toutes vos démarches et, si elle est bien définie, reste constante dans le temps. Autrement dit, si vous êtes amené à changer de stratégie au cours des négociations alors que l'environnement n'a pas évolué, c'est qu'elle n'était pas la bonne.

Créer un plan d'action

La déclinaison de cette stratégie donne lieu à un plan d'action. Il consiste à établir les différentes étapes qui vont vous permettre d'atteindre l'objectif fixé. L'expérience montre qu'il n'est pas nécessaire de définir un plan d'action à moyen ou à long terme. Seul un plan d'action à court terme est efficace parce qu'il tient compte de la réalité de l'entreprise à un instant donné.

Par ailleurs, il est indispensable de définir le bon moment pour mener à bien toutes vos actions. Par exemple, il est indispensable d'éviter d'organiser un rendez-vous avec votre interlocuteur le lundi, jour où dans la grande majorité des entreprises les décideurs se réunissent pour organiser leur semaine. Ces personnes ne sont souvent pas d'humeur à aborder votre problématique alors que l'entreprise leur a donné des objectifs à atteindre. Aussi, nous vous recommandons de privilégier les autres jours de la semaine. De la même façon, évitez d'envoyer des courriers électroniques le vendredi soir ou la veille de vos vacances. Dans tous les cas, votre présence est indispensable pendant les quelques jours qui suivent cet envoi.

Préparer l'entretien de négociation

Maintenant que la négociation est lancée, il est indispensable de préparer chaque entretien de négociation. La préparation répond à une logique constante : quel est l'objectif de cet entretien ? Quel message faut-il faire passer ? Quelles sont les réponses possibles de mon interlocuteur et avec quels arguments vais-je répliquer ? L'entretien est terminé : ai-je atteint mes objectifs ? Quelle est la suite maintenant ? Ce point-là a été développé dans la clé 6.

Mener la négociation

Nous arrivons à la phase de négociation proprement dite. L'expérience montre que toute demande illégitime, fantaisiste ou infondée génère systématiquement de la part de votre interlocuteur de l'agacement, parce qu'il considère que votre démarche n'est pas sérieuse. On le constate lors de négociations de départ quand un cadre annonce par exemple un chiffre de but en blanc en guise de règlement amiable d'une situation. Sans justification économique ou légitime, ce chiffre n'ouvre pas les bases du dialogue. D'une certaine façon, il s'agit d'un manque de respect pour votre interlocuteur.

Il est donc nécessaire de déterminer un certain nombre d'éléments de justification pour les « préjudices » subis justifiant le chiffre annoncé. De la sorte, vous amenez votre interlocuteur à commenter vos éléments de justification, ce qui en soi constitue une ouverture à la négociation et au dialogue. Ce point a été développé dans la clé 7.

Il est indispensable de respecter l'ensemble des étapes susmentionnées sans en brûler aucune. Le non-respect de ces différentes clés mène en effet le plus souvent à un conflit ouvert. Il est ainsi moins risqué de réduire le temps nécessaire à chaque étape que d'en sauter une. Autrement dit, un processus de négociation demande du temps et si votre contrainte de temps est extrêmement forte, vous n'obtiendrez pas satisfaction de la sorte – et *a fortiori* encore moins si vous cherchez à brûler des étapes pour gagner du temps.

Dévoiler son jeu

La négociation partage beaucoup de points communs avec le jeu de poker : écoute, anticipation, lecture de l'adversaire, etc. Si vous laissez votre interlocuteur lire dans votre jeu, il est fort probable qu'il mette en place des parades pour contrer vos actions. Si vous lui dévoilez votre jeu, vous lui offrez tous les arguments lui permettant de vous contrer à tout moment. Autant dire que cette démarche est suicidaire. Et pourtant, un nombre impressionnant de cadres continue à agir de la sorte en annonçant leurs intentions et leurs projets dans le cadre de négociations, espérant la compréhension voire l'empathie de l'entreprise. Prenons deux exemples.

Premier exemple

Cet exemple pourra paraître invraisemblable à la lecture. La réalité montre pourtant qu'il est assez courant.

Un cadre salarié en froid avec son entreprise depuis longtemps envisage de se mettre à son compte et souhaite racheter une entreprise. Il décide d'aller voir son responsable hiérarchique en lui présentant son projet. Il lui propose d'« organiser son licenciement ». Autrement dit, notre cadre est en train de demander à la société un « arrangement » afin de se séparer d'elle et qu'elle lui verse de l'argent l'aidant à racheter une entreprise.

L'attitude de l'entreprise est quasi systématiquement négative. Tout d'abord, pourquoi la société accepterait-elle le risque et le coût d'un tel arrangement ? Ensuite, que comprend-t-elle de la position de son cadre ? Il veut quitter la société, n'est plus motivé : on ne peut donc plus lui faire confiance. Enfin, quelle attitude la société risque-t-elle adopter désormais à l'égard du cadre ? Elle va lui communiquer de moins en moins d'informations, l'isoler progressivement et attendre qu'il parte de lui-même, son projet de création d'entreprise semblant lui tenir tellement à cœur ! Dévoiler son jeu, c'est perdre toute chance de négociation.

Second exemple

Un cadre vient d'être débauché. Le poste proposé représente une telle opportunité qu'il décide de l'accepter et de signer un nouveau contrat de travail. Cependant, bénéficiant de nombreuses années d'ancienneté au sein de la société qu'il envisage de quitter, il souhaiterait essayer de « négocier une sortie » pour au moins récupérer la valeur de son ancienneté, à savoir l'indemnité conventionnelle.

De façon plus ou moins explicite, son employeur comprend que le cadre a accepté un poste ailleurs. Mécaniquement, il fait donc traîner les discussions afin de laisser passer par exemple un minimum de trois mois, soit la durée du préavis du cadre. Au-delà de cette période, il va considérer que la démarche du cadre est sérieuse. En effet, si cela n'avait pas été le cas, le cadre aurait déjà remis sa démission pour rejoindre sa nouvelle société.

Négocier avant d'avoir verrouillé le processus

Parler de rémunération trop tôt, évoquer le montant d'une transaction avant que l'entreprise ait décidé d'une séparation s'avère toujours contre-productif. Cette erreur est cependant fréquente, que ce soit dans le cadre d'une négociation d'embauche ou de départ.

La négociation d'embauche

Deux éléments sont déterminants pour l'entreprise lors de votre embauche : allez-vous répondre à ses besoins ? Quel prix sera-t-elle prête à payer vos services ? Pour votre part, les questions se posent souvent dans l'ordre inverse : quel salaire l'entreprise est-elle prête à me proposer ? Ses besoins correspondent-ils à mes aspirations ?

Autrement dit, le cadre et l'entreprise se posent les mêmes questions, mais pas dans le même ordre et donc pas au même moment. Si le cadre entre immédiatement dans une négociation alors que l'entreprise n'a pas encore totalement perçu l'adéquation entre ses projets et la compétence de ce dernier, la négociation sur le prix – dans notre contexte, la rémunération – est inopportune et il sera difficilement possible d'obtenir plus que ce que l'entreprise avait prévu. Pire, cette démarche peut conduire l'employeur à écarter une candidature.

Si en revanche, le cadre se concentre sur la mise en avant de ses compétences au regard des besoins de l'entreprise, il sentira le moment où celle-ci l'aura déjà intégré intellectuellement dans ses projets. L'employeur pourra être amené à lui confier qu'il a parlé de sa candidature à sa hiérarchie, lui demander de venir rapidement, etc. Dès lors, le cadre pourra considérer avoir verrouillé le processus, au moins intellectuellement. Il devient alors possible d'entrer en négociation financière car l'entreprise a fait plus que valoriser les compétences du cadre : elle a également mis en valeur la nécessité de l'embaucher pour réaliser ses propres projets et tenir ses propres objectifs.

Il semble clair dans ce cas, sauf rares exceptions, que l'entreprise est beaucoup plus ouverte au dialogue et beaucoup moins encline à imposer une grille salariale, voire à écarter une candidature lorsque des questions d'argent sont évoquées.

La négociation de départ

Le processus est ici le même. De nombreuses entreprises ouvrent de façon informelle des négociations de départ avant même que le licenciement n'ait été formalisé. Cette démarche permet à l'entreprise d'avoir énormément de souplesse et de mettre la pression sur les négociations. Si le cadre n'accepte pas les conditions de l'entreprise, cette dernière peut très bien sortir du processus de négociation et trouver d'autres issues pour obtenir gain de cause. Certaines entreprises pratiquent le mutisme ou la « placardisation » afin de faire plier le cadre et l'obliger à accepter leurs conditions. D'autres menacent explicitement le cadre en lui disant par exemple que s'il n'accepte pas la proposition et que l'entreprise lance une procédure de licenciement – ce qui peut être en soi traumatisant, il sera trop tard pour négocier. Ce moyen de pression, que nous devons qualifier de chantage, est malheureusement extrêmement efficace sur un cadre livré à lui-même.

Rendre un dossier « public » en cours de négociation

Une négociation est une discussion confidentielle entre un nombre réduit d'interlocuteurs. Chacun d'eux a une raison totalement légitime d'être informé ou de participer au processus de négociation. Dans toutes les circonstances, il s'agit de votre responsable hiérarchique direct, de son responsable hiérarchique, enfin d'un responsable des ressources humaines. Personne d'autre n'a de légitimité absolue à participer au processus de négociation.

Exemple

Vous êtes en cours de négociation dans le cadre d'un départ de votre société. Au détour d'une discussion, vous informez de l'état de la négociation un collègue de travail, fidèle ami depuis vingt ans avec lequel vous avez tout partagé. Vous lui indiquez par exemple que la société serait prête à vous verser spontanément dix-huit mois de rémunération dans le cadre d'une « séparation amiable ». Vous prenez bien sûr le soin de lui demander de n'en parler à personne et de garder cet échange confidentiel.

Même si la fidélité de votre ami n'a pas à être remise en cause, par expérience, il est probable qu'il discutera un jour ou l'autre de votre situation avec d'autres collègues « autour de la machine à café » ou après un repas un peu arrosé. Or, ces collaborateurs étant moins concernés par la confidentialité de cette information que votre ami, ne manqueront pas d'en parler à d'autres personnes. On le sait, il est toujours bon de détenir des scoops au sein d'une société…

La réaction de l'entreprise

À un moment, l'information selon laquelle la confidentialité a été rompue va immanquablement remonter aux oreilles de votre employeur qui va alors très probablement et mécaniquement modifier son attitude à votre égard.

La société va tenir le raisonnement suivant : elle était prête à faire un effort important pour se séparer de son salarié dans des conditions lui permettant de rebondir sereinement. Aujourd'hui, tout le monde sait que des négociations sont en cours. La confidentialité a été rompue. La société ne maîtrise pas ce qui a pu être dit et si elle va au bout du processus et que tous les collaborateurs sont informés du montant de la négociation, de nombreuses personnes risquent de demander également un chèque. Pour assurer sa bonne gestion, l'entreprise pourrait être fortement tentée d'aller au contentieux afin de montrer à l'ensemble des salariés les risques qu'ils prennent en souhaitant négocier un départ.

En résumé, il est indispensable de maintenir la confidentialité la plus absolue lors de toute négociation. Ceci vaut aussi bien pour un cadre dirigeant que moyen, tout comme dans le cadre d'une négociation d'embauche, de repositionnement, d'augmentation de salaire ou de départ. Notez enfin qu'il est souvent très difficile pour un cadre de ne pas parler des négociations en cours en raison du stress ressenti. Il en a fondamentalement besoin. Ses proches sont souvent bons conseilleurs, mais ont rarement suffisamment de recul pour lui permettre de prendre la bonne décision. Voilà pourquoi il est nécessaire de ne jamais aborder des négociations seul. Les enjeux, tant sur le plan financier mais aussi et surtout sur le plan humain, moral et psychologique, sont trop importants pour économiser quelques centaines ou milliers d'euros.

Ne pas respecter les niveaux hiérarchiques

Dans une entreprise, il existe une organisation hiérarchique où chacun occupe une place bien précise et a un rôle à jouer. Une erreur fréquemment commise par le cadre en période difficile consiste à ne plus respecter les niveaux hiérarchiques et à s'adresser directement à un n + 2, voire à un n + 3, croyant qu'il est plus à même de comprendre sa situation et de gérer ses problèmes que sa responsable hiérarchique direct. Voilà une erreur capitale et souvent rédhibitoire dans le cadre d'une négociation construite.

Exemple

Prenons le cas de Jean, un cadre d'entreprise, dont Jeanne est la supérieure hiérarchique. Paul est le supérieur hiérarchique de cette dernière et Valérie occupe le poste de DRH de l'entreprise. Ce cas est à peine caricatural.

Le traitement du problème

Cela fait longtemps que Jean considère Jeanne, sa responsable hiérarchique, comme une personne incompétente, qui ne comprend pas grand-chose à son travail. D'ailleurs, si elle était compétente, elle aurait suivi toutes les recommandations de Jean concernant le dernier projet et aurait permis à la société de faire des économies importantes. Il se demande d'ailleurs comment elle a pu être nommée à ce poste.

Notre cadre n'en peut plus. Il a décidé d'écrire à Paul pour lui dire ce qu'il pense de Jeanne et lui présenter toutes les économies que la société aurait réalisées si Jeanne avait écouté ses recommandations.

Sûr de son fait, Jean, de sa plus belle plume, écrit un courrier électronique à Paul dans lequel il explique plus ou moins explicitement ce qu'aurait dû faire Jeanne, ainsi que les conséquences pour la société au fait qu'elle ne comprenne pas grand-chose. Comme souvent dans ces cas-là, Jean joint à son e-mail un tableau Excel© présentant tous les chiffres nécessaires à appuyer sa position. Jean prend le soin de mettre Jeanne en copie de son e-mail à destination de Paul. Il est persuadé d'être dans le droit chemin et d'avoir raison. Au fond de lui, sa démarche s'inscrit dans un esprit extrêmement positif avec la volonté de participer au fonctionnement de la société.

Il importe de remarquer que cette attitude est extrêmement fréquente. De plus, Jean est très certainement de bonne foi dans sa démarche. Cependant, son attitude va générer de façon irrémédiable une réaction en chaîne au sein de sa société qui va immanquablement conduire à son isolement.

Les conséquences

Analysons l'interprétation faite par les différents acteurs en réaction à l'e-mail envoyé. Jeanne est probablement furieuse, car Jean critique ses décisions et remet en cause son autorité aux yeux de son responsable hiérarchique. Pour sa part, Paul est surpris de recevoir un tel message. Il n'en comprend pas forcément les tenants et les aboutissants. Il connaît peu Jean et fait confiance à Jeanne, car c'est lui qui l'a embauchée. Il appelle cette dernière pour mieux comprendre :

Paul : « *Allô, Jeanne, c'est Paul !*

Jeanne : *Bonjour Paul.*

Paul : *À quoi rime cet e-mail de Jean ?*

Jeanne : *Écoute, ne t'en préoccupe pas. Laisse-moi gérer cela, s'il te plaît. Jean est un peu nerveux en ce moment. Il a du mal à contrôler ses nerfs. Je me demande s'il est réellement à la hauteur de la tâche...*

Paul : *D'accord, je te laisse gérer. De toute façon, je n'avais pas compris grand-chose à son e-mail.* »

Paul ne prendra à priori pas le temps de répondre à Jean. Il acceptera le cas échéant de le recevoir lors d'un rendez-vous auquel il viendra accompagné de Jeanne. Autrement dit, Paul n'est plus un interlocuteur – en fait, il ne l'a jamais été – et Jeanne a repris la main sur le dossier : tout le contraire de ce que voulait Jean.

Jeanne convoque donc Jean dans son bureau :

Jeanne : « *Qu'est-ce que cet e-mail ?*

Jean : *J'ai fait cela pour le bien de la société. En plus, j'ai travaillé au tableau Excel le week-end à la maison !*

Jeanne : *Il me semblerait préférable qu'à l'avenir nous en parlions tous les deux avant de déranger Paul.* »

Jean n'est vraiment pas content. Cet entretien confirme à ses yeux l'incompétence de sa patronne. Elle n'a même pas compris que grâce à lui la société aurait pu faire d'énormes économies ! Il n'en peut plus. Cela fait trop longtemps que cela dure. Jean devient donc de plus en plus nerveux et irritable, au point que le climat avec Jeanne devient délétère. Ils évoquent ensemble sa volonté d'être muté ou de quitter la société. La relation humaine entre eux deux est devenue telle que Jeanne ne voit aucune raison de faire le moindre effort pour Jean. Elle lui propose donc de faire ce qu'il veut mais sans son aide.

Jean se retourne alors vers Valérie, la DRH. Celle-ci ne le connaît qu'à travers un contrat de travail et des bilans d'évaluation annuelle. Avant de recevoir Jean, ce qu'elle fait volontiers, elle interroge Jeanne pour obtenir un peu plus d'informations et connaître son avis sur Jean. Bien évidemment, Jeanne se montre négative. Lors de l'entretien avec la DRH, Jean va donc recevoir de sa part une fin de non-recevoir courtoise, mais ferme. Autrement dit, le non-respect des niveaux hiérarchiques a conduit Jean à se fermer toutes les portes au sein de l'entreprise. Il n'est plus un interlocuteur crédible.

Avec le temps, la situation est devenue insupportable pour Jean. Il tente de négocier un départ avec la société. Par principe, elle s'y oppose, ne comprenant pas pourquoi elle devrait faire un effort pour lui. Peu de temps après, Jean démissionne, la situation étant devenue psychologiquement trop difficile. Par ailleurs, il est abattu et a du mal à convaincre un nouvel employeur.

Ce que Jean aurait dû faire

À tort ou à raison, Jean a fait des recommandations qui auraient permis à la société de réaliser des économies. Il aurait dû en premier lieu mieux défendre son projet à Jeanne. Celle-ci aurait pu prendre ces données en compte et les mettre en application. La situation aurait ainsi été réglée. En outre, Jeanne aurait sûrement reconnu les compétences de Jean et lui aurait probablement attribué une prime s'il avait réellement permis de réaliser des économies.

Mais si Jeanne s'était opposée, malgré son insistance, à la mise en œuvre du projet, Jean, convaincu du bien-fondé de ses recommandations, aurait pu lui demander l'autorisation d'en parler à Paul et, mieux encore, de l'accompagner lors de la présentation. Jeanne aurait probablement accepté et la situation en serait restée là.

Si par la suite, pour des raisons diverses, la société avait été dans l'obligation de se séparer de Jean, elle se serait montrée indéniablement « bienveillante » et ouverte à toute discussion permettant à Jean de rebondir sereinement. Elle n'aurait certainement pas provoqué Jean avec l'intention de constituer un dossier. Voilà une solution qui semble tout de même bien plus constructive !

Ce respect des niveaux hiérarchiques est valable dans toutes les organisations, y compris de culture anglo-saxonne. Ces dernières ont la particularité de laisser croire qu'il est possible de s'adresser impunément et librement à tous les niveaux de la hiérarchie, voire au président. Ceci n'est qu'une apparence trompeuse. Le respect de la hiérarchie fonctionne de la même façon. Au fond, il s'agit purement et simplement du respect des femmes et des hommes qui constituent l'organisation.

Tomber dans le paternalisme et la relation affective

L'affectif constitue probablement l'élément le plus important de tout le processus de négociation. Avec le temps, des relations extrêmement proches se sont en effet probablement créées entre un cadre et sa hiérarchie, voire son entreprise.

L'affectif s'avère positif quand il est géré avec recul et donc maîtrisé. Il peut cependant être négatif, comme le montrent les deux cas de figure suivants.

Du côté du cadre

Le cadre a passé plusieurs années de sa vie au sein de l'entreprise. Il aime les gens, a de bons souvenirs de situations vécues. Lorsque celle-ci décide par exemple de se séparer de lui, il a parfois du mal à intégrer cette décision. Il est déboussolé, perd confiance en lui. Il lui arrive même de penser que l'entreprise a raison et que s'il était à la place des décideurs, il aurait fait de même. Pire, pour des raisons soi-disant éthiques, il n'envisage même pas une quelconque négociation, ni tout simplement de leur demander de l'argent.

Cette relation affective, voire nourricière à l'entreprise est certainement très louable et fait l'impasse sur le fait que jusqu'alors, les décisions de l'employeur étaient essentiellement, (uniquement !?) dictées par des intérêts économiques légitimes et très peu par une relation affective au cadre même si elle peut exister. Par ailleurs, elle conduit souvent ce dernier, quel que soit son niveau hiérarchique, à se comporter selon le syndrome de Stockholm, phénomène psychique incitant les « victimes » à éprouver de la sympathie pour leur « bourreau ». Le cadre finit par sortir de son corps pour observer son propre cas à travers le prisme de l'entreprise. Il lui est alors impensable d'imaginer demander une quelconque réparation d'un éventuel préjudice que la société pourrait lui faire subir.

Il reste cependant indispensable de comprendre que passer d'une relation affective à une relation rationnelle, nécessaire pour mener à bien toute négociation, est extrêmement délicat et difficile. Bien entendu, si l'entreprise remarque l'attachement affectif du cadre, elle peut en user ou en abuser afin d'obtenir ce qu'elle veut : par exemple la démission du cadre. Les propos du type « *Vous ne pouvez pas nous faire cela, pas vous !* » ont alors un immense impact sur la psychologie du cadre. Parfois, ce dernier démissionne avec la certitude d'être intègre et honnête. Plus tard, une fois les choses apaisées, il le regrette systématiquement.

Du côté de l'entreprise

Il est souvent extrêmement confortable d'avoir une relation hiérarchique empreinte d'affectif. Côté entreprise, on parle plutôt de paternalisme. Il s'agit d'une relation extrêmement douce dans la forme, mais extrêmement dure sur le fond : « *Ne vous inquiétez pas, cela va bien se passer !* »

Cette attitude très pernicieuse empêche le cadre de rationaliser sa relation à l'entreprise. Aussi lui est-il difficile de demander par exemple des écrits, un avenant, sans que l'entreprise ne lui réponde des phrases comme « *Faites-nous confiance* » ; « *Nous n'avons qu'une parole* », etc.

Dans tous les cas, mener à bien des négociations suppose de faire abstraction de l'affectif. Cela n'en signifie pas l'absence, bien au contraire. Cela veut dire qu'il faut gérer l'affectif avec recul et stratégie. Cet élément doit devenir un levier d'action employé pro-activement et non un refuge psychologique que l'on subit passivement ou une faiblesse que l'on risque de voir exploiter.

Considérer que l'entreprise vous doit quelque chose

Beaucoup de cadres et principalement ceux ayant passé plusieurs années dans une entreprise pensent que celle-ci leur doit quelque chose et a une sorte de dette à vie envers eux. Ils considèrent être en partie à l'origine de la croissance et du développement de la société : en conséquence cette dernière devrait leur être reconnaissant en toutes circonstances y compris dans le cadre d'un licenciement.

Si leur raisonnement n'est pas faux dans l'absolu, le monde est forcément plus complexe. L'entreprise ne doit rien au cadre. Elle rémunère ses services au mois le mois, et c'est à peu près tout. Certes, c'est un peu brutal, mais intégrer cela permet d'éviter les frustrations et les excès d'affectif lors de négociations avec l'entreprise. Le fait de bénéficier de dix, quinze ou vingt ans d'ancienneté dans l'organisation, d'avoir contribué de façon efficace à son développement vous a donné droit à un salaire, des augmentations éventuelles, des bonus, des promotions etc., mais ne vous met pas de surcroît dans une position telle que l'entreprise accepte n'importe quelle condition dans le cadre de négociations.

Faire des menaces directes à votre employeur

La menace et le chantage sont considérés par certains comme des outils de négociation. Ils peuvent en faire partie. Cela nécessite cependant le respect de deux conditions fondamentales :

- ne jamais menacer directement ;
- ne jamais mettre à exécution ses menaces ou son chantage.

Ces deux conditions font partie des principes fondamentaux de l'éthique du négociateur et de tout processus de négociation.

Ne jamais menacer directement

Il est très différent de dire : « *Si vous n'acceptez pas mes conditions, je vous donne rendez-vous au tribunal !* » ; et : « *J'aimerais vraiment que nous puissions nous mettre d'accord, je ne comprends pas pourquoi nous n'y arrivons pas. Je suis sûr que nous pouvons régler cette histoire entre nous. Mais malheureusement, si nous n'y parvenons pas, vous ne me laisserez pas d'autre solution que de porter l'affaire en justice. Il faut bien trouver une solution…* »

Prenons un autre exemple. Il est très différent de dire : « *Si je n'obtiens pas de clause parachute à mon contrat, je refuse le poste* » ; et : « *Une clause parachute est indispensable à mes yeux, car elle m'assurera la sérénité nécessaire à la réussite de la mission que vous avez à me confier.* »

Dans les deux cas, le fond est le même, mais la forme s'avère très différente.

Ne jamais mettre à exécution ses menaces ou son chantage

Menacer ou faire chanter peut constituer un moyen de pression. En effet, l'objet de cette démarche est d'amener votre interlocuteur à craindre que vos agissements lui soient plus préjudiciables que s'il répond positivement à votre demande initiale.

En termes de négociation, il s'agit forcément de tactique. Mettre à exécution sa menace ou un chantage ne relève pas du domaine de la négociation. Les conséquences négatives pour le cadre sont souvent violentes et dans tous les cas ne réparent en rien de façon amiable le préjudice subi.

Affirmer que l'entreprise aurait violé la loi par exemple dans un domaine commercial peut s'envisager au cas où certaines négociations sembleraient bloquées, mais le fait de mettre sa menace à exécution et de la dénoncer risque d'avoir des conséquences tellement graves pour la société qu'elle n'acceptera jamais de faire le moindre effort pour régler proprement votre situation, et ce dans tous les cas. Sans compter que la société pourra elle-même se retourner contre le cadre si les faits dénoncés sont en réalité inexacts.

En résumé, évitez de vous aventurer sur ce terrain.

Parler à plusieurs interlocuteurs au même moment

Une démarche humaine

Voilà une erreur fréquente. Lorsqu'un cadre se trouve dans une situation inconfortable, voire difficile, il cherche naturellement à y mettre fin en en parlant avec sa hiérarchie directe. Il a cependant rapidement le sentiment que sa hiérarchie ne va pas assez vite pour lui proposer des solutions. Dans sa recherche de solutions, ce cadre peut donc être amené à discuter de sa situation avec d'autres personnes de l'entreprise telles que son n + 2 ou un responsable des ressources humaines.

Cette démarche est humaine parce que la situation que vit le cadre est psychologiquement difficile. Il n'en reste pas moins que cette attitude nuit considérablement à tout processus de résolution des problèmes et de négociation. En effet, si plusieurs personnes sont impliquées au même moment pour résoudre un problème particulier, la probabilité est très forte que chacun se renvoie la balle. Le supérieur hiérarchique direct peut demander au cadre d'aller voir le responsable des ressources humaines, qui peut à son tour annoncer qu'il ne peut décider sans le responsable hiérarchique direct, etc.

La marche à suivre

La bonne méthode consiste à identifier un premier interlocuteur et à le mettre face à ses responsabilités managériales afin qu'il trouve des solutions à votre problème. Vous maintenez ainsi la pression sur un seul interlocuteur et même s'il vous propose de rencontrer d'autres personnes, vous lui indiquez que vous préférez le garder comme interlocuteur unique et le remerciez d'avoir fait cette proposition. De la sorte, il ne peut se débarrasser de votre problème et sera amené à tout mettre en œuvre en interne pour vous aider à trouver une solution.

À un moment, vous aurez amené ainsi votre interlocuteur au niveau maximal de ce que son autorité hiérarchique lui permet. Votre problème sera alors réglé ou pas. Dans ce cas, et avec son aval, vous avez toute légitimité à vous adresser à un nouvel interlocuteur dont la marge de négociation sera plus élevée. Et ainsi de suite jusqu'à l'obtention du résultat souhaité. De la sorte, il est possible de remonter théoriquement jusqu'au président d'un groupe, voire au conseil d'administration, sans avoir heurté personne et sans que votre démarche ne soit perçue comme une agression ou une menace.

Montrer de l'empressement

Cette attitude est extrêmement fréquente et bien que les acteurs soient conscients des risques, ils ne peuvent pas s'empêcher de vouloir faire en sorte que cela se passe le plus vite possible. C'est souvent le cas par exemple lorsqu'un cadre doit signer un nouveau contrat d'embauche alors qu'il n'a pas encore terminé la négociation de départ de sa précédente société. Il a tellement envie d'en finir et est si pressé de rejoindre son nouvel employeur, qu'il finit par le montrer de façon plus ou moins consciente.

Un DRH un peu aguerri à la négociation comprend très rapidement que le cadre est pressé et qu'il a probablement une contrainte forte, comme celle due à la prise d'un nouveau poste. Son attitude va alors consister à faire traîner les discussions afin que le cadre craque, entraînant par exemple sa démission, ou qu'il accepte avec pertes et fracas la dernière proposition de l'entreprise.

Dans les cas extrêmes, qui sont malheureusement courants de la part de collaborateurs agissant seuls dans le contexte du processus de négociation, le cadre signe un contrat d'embauche avec sa nouvelle entreprise, puis se retourne vers sa société pour négocier son départ. Mais ses intentions transparaissent de façon très claire aux yeux de son interlocuteur, qui peut adopter deux stratégies. La première est de lui dire : « *Si vous souhaitez partir, vous pouvez donner votre démission.* » La seconde consiste à attendre trois mois, soit le délai théorique du préavis de départ pour la nouvelle entreprise, avant d'ouvrir éventuellement les négociations. Logique, non ?

Entrer dans la polémique

La polémique consiste à vouloir répondre en permanence à toutes les objections de votre interlocuteur et sur le même mode. Cela conduit immanquablement à la rupture des négociations et souvent malheureusement à l'avantage de celui qui n'a rien à perdre.

Lorsque votre employeur vous indique que vous n'êtes pas compétent à votre poste, ou qu'un client s'est plaint de votre attitude ou que vous arrivez souvent tard à votre travail ou enfin que vous mettez une mauvaise ambiance dans l'entreprise, la pire erreur serait de répondre en temps réel et au cas par cas à toutes les accusations et polémiques de votre interlocuteur.

Adopter une démarche rationnelle en réponse à la polémique a comme effet immédiat de faire cesser celle-ci et de retirer à votre interlocuteur un moyen de pression qu'il employait à votre encontre avec un objectif plus ou moins clair.

Ne pas comprendre la problématique de votre interlocuteur

Une absence de communication

L'erreur souvent commise par le cadre consiste à penser que l'entreprise ne comprend pas sa position, alors que celle-ci est évidente et ne nécessite donc aucune explication. Symétriquement, l'entreprise peut considérer souvent que le cadre cherche par tous les moyens à lui « soutirer » de l'argent, voire à toucher le jackpot dans le cadre d'une négociation de départ, sans rapport avec les préjudices réels qu'il subit du fait de la décision de l'entreprise.

Comme souvent, l'absence de dialogue et l'incompréhension génèrent des positions tranchées, souvent agressives. Les parties concernées se comprennent rarement. Dans toutes les négociations, le cadre doit comprendre que son interlocuteur a également des problématiques à gérer. Il ne peut pas prendre des positions inconsidérément sans en référer à sa hiérarchie ou sans que celles-ci ne soient cohérentes avec les contraintes et la culture de l'entreprise.

Des propositions justifiées

Certes, le cadre doit argumenter toutes ses demandes, mais également comprendre la position de l'entreprise et sa légitimité. Dans ce périmètre, il doit faire des propositions à son interlocuteur et les justifier. Ces propositions ont d'autant plus de chances d'aboutir qu'elles seront cohérentes avec les contraintes de l'entreprise. Dans le cadre d'une embauche par exemple, plutôt que de s'arc-bouter sur un salaire jugé trop élevé pour l'entreprise, il pourra être préférable d'accepter la rémunération proposée et d'en négocier sa révision. De la même façon, si une entreprise vous débauche et que cela vous fait courir un risque personnel fort, il est souvent légitime de demander à obtenir une compensation.

Toutes les demandes sont légitimes dès lors qu'elles sont réalistes dans le contexte de l'entreprise. Il importe aussi de comprendre que si votre interlocuteur n'est pas le décisionnaire en dernier ressort, tous les arguments que vous allez lui donner dans le cadre de votre demande lui serviront à titre personnel pour justifier votre position aux yeux de sa hiérarchie. Autrement dit, en lui tenant des arguments économiquement légitimes, vous lui permettez de défendre votre cas.

Passer pour un chasseur de primes opportuniste

Laisser croire à votre interlocuteur que vous êtes un chasseur de primes, que ce soit le cas ou non, conduira immanquablement à un durcissement, voire à une rupture de toute négociation. Les DRH expérimentés le sentent et en général détestent cela. Ainsi, dans le cas d'une négociation d'entrée, ne parler que de rémunération s'avère souvent rédhibitoire.

En faire une affaire personnelle

Cette attitude constitue l'une des erreurs les plus courantes.

Faire une affaire personnelle d'une négociation, quelle qu'elle soit, revient à mettre en place les conditions de son échec. Le jeu de votre interlocuteur consiste à vous provoquer ou à vous déstabiliser. Cela peut être plus ou moins conscient en fonction de sa maturité et de son recul, mais il peut jouer à vous agresser, voire à vous provoquer afin que vous baissiez les armes. Il ne vous en veut pas personnellement. Vous n'avez donc pas à lui en vouloir non plus : il ne fait que son travail de négociateur.

De nouveau, nous vous conseillons ici de considérer que tout ceci n'est qu'un jeu, que les attitudes de votre interlocuteur ne sont que de la provocation. Encore une fois, la meilleure façon de distinguer les moyens de l'objectif est d'avoir clairement défini les buts à atteindre.

Faire des demandes illégitimes ou fantaisistes

Il est possible de tout obtenir ou presque dans le cadre des négociations avec une entreprise dès lors que vos demandes sont « économiquement légitimes ». L'expression « économiquement légitime » est fondamentale pour justifier toutes vos demandes (*cf.* clé 7).

Il n'existe pas de demandes légitimes ou illégitimes dans l'absolu. La légitimité est contextuelle. Une demande légitime dans un contexte peut donc être illégitime dans un autre. Par exemple, tenter de négocier la réduction de la période d'essai lors d'une embauche alors que le cadre sort d'une période de chômage ne paraît pas légitime. De même, demander un certain nombre de mois de salaire dans le cadre d'un départ sans remettre cette démarche dans une perspective de sérénité professionnelle et donc de légitimité économique rend la démarche illégitime. Les exemples sont nombreux.

Les conséquences des demandes illégitimes sont graves. Elles décrédibilisent le cadre dans toute sa démarche et il apparaît progressivement comme un interlocuteur fantaisiste aux yeux de l'entreprise. Cette image lui colle alors à la peau et il lui devient progressivement impossible d'obtenir quoi que ce soit par la négociation. Pire, l'entreprise peut décider de rompre tout dialogue.

Ne pas respecter les individus

De toutes les erreurs à ne pas commettre, celle-ci s'avère probablement la plus importante. Le non-respect des individus dans leur rôle et leur niveau hiérarchique génère des traces irrémédiables et indélébiles qui ne vous seront jamais pardonnées.

Il existe alors dans ce cas au sein des organisations une sorte de rancune implicite et invisible qui fait qu'une négociation de départ se passera mal, que vous ne serez jamais nommé au poste qui aurait dû vous revenir ou que votre évolution professionnelle sera extrêmement lente.

Au contraire, à l'autre extrême, le respect des personnes et notamment des supérieurs hiérarchiques dans tout ce qu'ils sont et font constituera un moteur bien plus puissant dans la

promotion de votre carrière que tous les efforts que vous pourrez consacrer à accomplir vos missions. Cela paraît injuste mais
c'est un constat.

En faire une question de principe

Voilà un sujet extrêmement important. Dans beaucoup de
négociations, les cadres transforment souvent une situation en
une question de principe. Cette attitude les empêche clairement d'avoir du recul et de prendre les bonnes décisions. Avoir
des principes est louable si on les considère comme des
moyens. Mais cela devient catastrophique sur le plan des négociations quand ces questions se muent en un objectif en soi.

Dans le cadre de négociations d'entrée, il n'est pas rare que,
alors que les parties étaient très motivées pour collaborer
ensemble, les négociations échouent sur des détails qui ne sont
que des questions de principe. Cela vaut par exemple pour
quelques milliers d'euros de différence sur un salaire (toutes
proportions gardées).

Dans le cadre de négociations, il est selon nous indispensable
de ne pas se laisser aveugler par des questions de principe. La
seule façon d'éviter de tomber dans cet écueil consiste à avoir
défini précisément l'objectif que l'on souhaite atteindre
(*cf.* clé 4).

Évoquer vos problèmes personnels

Qu'entend-on par évoquer ses problèmes personnels et pourquoi faut-il l'éviter ? Un endettement pour rembourser un
emprunt immobilier, votre situation d'unique membre du
foyer apportant un salaire ou encore l'inscription de vos enfants
dans une école privée n'intéresse en rien l'entreprise et vient
forcément perturber toute négociation.

En indiquant ces éléments, vous pensez que la société pourrait
compatir et donc, par exemple dans le cadre d'une négociation

de départ, vous accorder une indemnité supérieure à ce qu'elle vous aurait donné si vous n'aviez pas évoqué de tels arguments.

Faux ! Souvent l'inverse se produit. Là où vous pensiez que la société aurait pu se montrer compatissante, elle durcit plutôt sa position. Ceci s'explique simplement par le fait qu'en abordant des problématiques personnelles, vous lui avez confié des informations capitales, par exemple votre besoin d'argent pressant. Donc le cas échéant, vous ne pourrez vous permettre d'attendre trop longtemps. Par conséquent, vous vous êtes mis en position de faiblesse relative.

Nous vous déconseillons donc d'aborder toute problématique personnelle dans le cadre des négociations avec votre entreprise. Le cas du déménagement ou de l'expatriation nécessaire à la fonction était des cas particuliers.

Négocier seul

La grande majorité des cadres tentent de gérer seuls leur relation à l'entreprise. Ils considèrent la plupart du temps qu'un support externe n'est nécessaire que dès lors qu'il existe effectivement un conflit entre la société et eux.

Très peu de cadres adoptent une démarche proactive dans leur relation à l'entreprise. Ils considèrent la plupart du temps qu'ils peuvent gérer seuls cette relation dès lors qu'elle n'est pas juridique. Quels que soient le niveau hiérarchique et le niveau de rémunération, très peu de cadres font appel à un conseil externe pour les aider à rationaliser et à professionnaliser l'ensemble des discussions menées avec leur entreprise afin de les gérer au sein d'une stratégie globale.

Quel que soit le niveau intellectuel du cadre, il commet forcément à un moment ou à un autre des erreurs qui complexifient une gestion saine et efficace de sa situation. Le cadre doit intégrer dans sa réflexion le fait que l'entreprise n'a pas la même contrainte de vie que lui. L'entreprise n'est pas stressée, n'a pas besoin de dormir ou de manger et n'a pas de vie de famille. La gestion de son dossier est prise en charge par plusieurs personnes dont c'est le métier. *A contrario*, le cadre est souvent stressé par la situation qu'il peut avoir du mal à gérer tant sur le plan émotionnel que professionnel. Autrement dit, le jeu est peu équilibré par nature. Chercher à négocier seul constitue donc une démarche périlleuse.

Les phases de négociation entre un cadre et son entreprise, qu'il s'agisse de négociations à l'embauche dans le cadre d'un repositionnement ou d'un départ, sont peu nombreuses dans une vie. De plus, leur gestion a un impact considérable sur la carrière du cadre. Les enjeux sont donc déterminants. Au-delà des aspects financiers, chaque négociation comporte un grand nombre d'enjeux et de risques cachés, tous aussi importants, tels que son équilibre personnel, son image de marque, sa tranquillité d'esprit, son avenir, etc. Gérer seul de telles situations est une décision lourde.

Grille d'auto-évaluation

Clé 8 - Vous êtes dans un processus de négociation : avez-vous commis des erreurs jusqu'à présent ?

	Oui	Non
Ressentez-vous des difficultés à gérer l'aspect affectif des discussions ?		
Avez-vous utilisé des arguments faisant référence à des problématiques personnelles dans l'espoir d'obtenir la compassion de votre interlocuteur ?		
Pensez-vous avoir respecté les étapes susmentionnées avant d'engager les négociations ?		
Avez-vous la certitude d'avoir verrouillé le processus avant de parler de chiffres ?		
Comprenez-vous parfaitement la problématique et les contraintes de votre interlocuteur ?		
Pensez-vous avoir respecté les niveaux hiérarchiques en n'ayant froissé personne ?		
Avez-vous informé à un moment ou un autre votre interlocuteur de vos intentions ?		
Avez-vous parlé avec des proches des négociations en cours ?		
Avez-vous comparé la nature de vos demandes avec les problématiques de l'entreprise ?		

Additionnez vos réponses. Plus vous obtenez de « oui », moins vous avez commis d'erreur. Mais si vous en avez fait, pensez-vous qu'elles soient rattrapables ? Si oui, comment ?

Préparez-vous mentalement pour chaque étape des négociations

Il est déterminant pour aborder toute négociation de se préparer mentalement afin de maîtriser autant que possible la situation et de mieux gérer son stress, source de problème. Les éléments ci-après n'ont pas la prétention de servir de manuel de psychologie ou de programmation neurolinguistique. Il s'agit davantage de fournir au lecteur des pistes de réflexion issues de diverses expériences de négociation. Ce dernier pourra approfondir ces différents thèmes à la lecture de certains livres cités en fin d'ouvrage.

Pourquoi une préparation mentale est-elle nécessaire avant d'aborder toute négociation ? Parce que s'en passer entraîne beaucoup de désagréments dans le cadre de négociations. Les effets néfastes les plus fréquemment constatés sont les suivants : le cadre est déstabilisé dès lors qu'une situation imprévue apparaît ; des réactions extrêmes, impulsives, réactives peuvent naître alors qu'il ne s'agit de la part de votre interlocuteur que de simples artifices de négociations ; enfin le découragement et la démotivation conduisent souvent à accepter sous le coup de l'émotion la proposition des interlocuteurs.

Nos neuf recommandations pour une bonne préparation mentale sont les suivantes :

- Prenez du recul sur une situation.
- Gérez le temps.
- Maîtrisez-vous.
- Ayez des convictions.
- Montrez votre force morale.
- Comprenez la force mentale de votre interlocuteur.
- Évacuez les sources de perturbation.
- Reposez-vous sur une tierce personne.
- Choisissez votre marotte.

Prenez du recul sur une situation

Se préparer mentalement suppose de prendre du recul par rapport à une situation. Dans toute préparation mentale, il importe de considérer que votre interlocuteur va chercher à retirer tous vos points d'accroche et à démonter tous vos arguments. Une négociation peut être menée, gagnée ou perdue uniquement sur des aspects psychologiques, sans jamais aborder le fond du problème.

Il est certain que si l'affectif vous envahit, si des sentiments de vengeance sont présents, si vous êtes pressé d'en finir parce que la situation est psychologiquement trop difficile à vivre et qu'il peut y avoir des conséquences sur votre santé ou votre vie de famille, il est extrêmement difficile de mener à bien une négociation. Si en revanche vous savez faire la part des choses et laisser vos sentiments de côté, vous serez plus motivé, plus combatif et plus à même de d'atteindre vos objectifs.

Gérez le temps

La préparation mentale passe tout d'abord par la gestion du temps. Les négociations semblent prendre toujours trop de temps pour celui qui veut en finir rapidement. Dans cette optique, il est vraisemblable que l'accord obtenu soit frustrant par la suite. Mieux vaut donc envisager que la négociation dure longtemps.

Par exemple, dans le cadre d'une négociation de départ, il faut imaginer que les négociations vont prendre deux à trois mois. Si le point d'accord est trouvé avant la fin de cette période imaginaire, le cadre aura le sentiment d'avoir négocié rapidement. Dans tous les cas, il ne sera aucunement découragé pendant cette période. De plus, cette attitude transparaîtra aux yeux de son interlocuteur qui comprendra qu'il dispose de temps et qui, *in fine*, aura probablement envie d'en finir avant lui.

La gestion du temps signifie également qu'il ne faut jamais céder tant que vous n'avez pas le sentiment d'avoir reçu le maximum de ce qu'il était possible d'obtenir à l'instant de la négociation. Tant que votre interlocuteur accepte de dialoguer avec vous, il reste toujours de la place pour la négociation, même s'il vous affirme le contraire.

Maîtrisez-vous

La préparation mentale doit conduire également à plus de maîtrise de soi. Les négociations les plus longues se produisent dans le cas de repositionnements internes. Il n'est pas rare qu'il faille trois mois, six mois ou plus pour qu'un cadre en poste obtienne un repositionnement. Dans ce contexte, ce collaborateur est soumis à de forts mouvements d'entreprise et l'impatience peut prendre le dessus.

Le cadre cherchant à négocier doit alors s'efforcer de laisser ses émotions de côté. Certes, cela n'est pas facile, mais s'avère une condition indispensable. Laisser ses émotions de côté signifie qu'il est nécessaire de ne jamais prendre les arguments, attitudes ou manœuvres de son interlocuteur comme des remises en cause personnelle et encore moins d'y réagir. Lorsqu'un patron s'adresse à un cadre dont il veut se séparer, il peut lui tenir le discours suivant : « *Vous n'êtes plus au niveau requis* » ; « *Comment a-t-on pu vous garder aussi longtemps dans l'entreprise ?* » ; « *J'avais bien dit que vous étiez incompétent…* », etc.

Dans un contexte de négociations, ces phrases-là ne sont que de la provocation ayant pour seul objectif de vous déstabiliser. Si vous avez compris qu'il s'agit d'un jeu, vous saurez vous maîtriser et ne pas réagir. Mieux encore, en fonction de l'agressivité de votre interlocuteur, vous pourrez retourner la situation et les arguments à votre avantage. Par exemple, en réponse à « *Comment a-t-on pu vous garder aussi longtemps dans l'entreprise ?* », vous pourrez répondre ou pas : « *Je me le demande, mais au fond, c'est peut-être parce que je n'étais pas si mauvais que ça !* ».

Ayez des convictions

La préparation mentale des négociations suppose également l'existence ou la création de piliers psychologiques forts que nous appellerons « convictions ». Vous devez être convaincu, par exemple dans le cadre d'une négociation de départ, que vos compétences ne sont pas en cause. Dans le cadre d'un repositionnement, vous devez aussi être convaincu qu'il existe forcément une solution au sein de l'entreprise vous permettant d'y poursuivre votre carrière. Dans le cadre d'une négociation d'embauche, vous devez être convaincu que la négociation, dès lors qu'elle est bien menée et construite, ne sera pas un facteur de rejet de votre candidature. Bien au contraire, dans une très grande majorité de cas, elle apparaît comme un facteur de crédibilisation d'une candidature.

Les principales convictions à avoir pendant les phases de négociation pourraient se résumer en trois phrases :

- ce n'est qu'un jeu ;
- mes compétences ne sont pas en cause ;
- il y a forcément une solution.

Montrez votre force morale

Se préparer mentalement s'avère une condition nécessaire et parfois suffisante pour réussir une négociation. La préparation mentale doit se voir. Au-delà du fait que vous allez paraître serein à votre interlocuteur, il importe de lui montrer, par des signes extérieurs, que vous l'êtes vraiment. Autrement dit, il est indispensable pendant toutes les phases de négociation de donner une bonne apparence de soi. Cela se traduit par une bonne tenue vestimentaire, un maquillage pour les femmes, un bronzage pourquoi pas… Faites du sport de plein air, aérez-vous, détendez-vous.

L'effet de l'apparence est fondamental, car il renvoie à votre interlocuteur l'image que vous êtes psychologiquement solide, même si cela n'est pas le cas. Certains d'entre nous se rappelleront peut-être les étudiants bronzés sur les campus universitaires en pleine période de concours qui rendaient jaloux ceux dont le teint « respirait » les néons blafards des bibliothèques. Pensez-vous pour autant que ces étudiants bronzés n'avaient pas préparé leur concours ?

Comprenez la force mentale de votre interlocuteur

Comprendre la force mentale de votre interlocuteur est déterminant. Il convient sur ce sujet d'être extrêmement vigilant sur les apparences. En effet, ces dernières sont souvent trompeuses. Une personne extrêmement « ronde », calme, aimable, courtoise, parlant doucement, souriante, etc., est souvent la pire, ou plutôt la meilleure, négociatrice que vous pourrez rencontrer.

A *contrario*, une personne nerveuse, colérique, agitée, etc., sera probablement beaucoup plus réceptive à une solution rapide. Il faudra toutefois dans ce cas laisser cet interlocuteur évacuer le surcroît de pression et de tension qu'il porte en lui et surtout ne pas réagir à la provocation.

La stratégie de négociation doit tenir forcément compte de la force mentale de votre interlocuteur.

Évacuez les sources de perturbation

Lorsqu'un cadre se trouve en mauvaise posture au sein de son entreprise, cela finit par se savoir. Quand il est en cours de négociation de son départ, par exemple, tout le monde dans l'entreprise est intéressé de façon plus ou moins curieuse par sa situation. Cette curiosité peut être sincère ou maladive.

En tout état de cause, le fait d'être en cours de négociation génère forcément des jalousies et des envies. Certains de vos collègues aimeraient bien, à la réflexion, être dans votre cas et quitter l'entreprise avec une indemnité. Ils n'intègrent pas forcément le fait que demain vous serez sans emploi. Certains vont même aller jusqu'à imaginer rembourser un crédit ou s'acheter une nouvelle voiture si, comme vous, ils avaient cette chance d'être licenciés !

Le problème sous-jacent est que les collègues veulent savoir. Ils souhaitent obtenir des informations en temps quasi réel sur votre situation. Qui plus est, s'ils pouvaient détenir un scoop, ils seraient assez fiers de le dévoiler devant la machine à café. Ne pas répondre à leurs attentes peut se retourner contre vous. Leur curiosité peut devenir malsaine et votre mutisme peut être interprété comme de l'arrogance ou du dédain à leur égard. La seule attitude à tenir est donc de leur donner un « os à ronger ». Il s'agit de leur dire que les négociations se passent très mal, que l'entreprise est très dure et ne veut rien céder. Vous finirez par une phrase telle que : « *Ne t'inquiète pas, dès que j'aurai de l'information, tu seras le premier que je tiendrai personnel-*

lement au courant ! » Cette attitude va rassurer votre interlocuteur. D'une certaine façon, il va même ressentir de la compassion pour vous et vous laissera assurément tranquille pendant tout le temps des négociations. Et c'est tant mieux ! De la sorte, vous aurez évacué toutes les sources de perturbations externes.

Reposez-vous sur une tierce personne

Pendant toutes les phases des négociations, vous allez avoir besoin de :

- prendre des décisions sur des bases rationnelles et factuelles ;

- préparer des argumentaires précis, factuels et non affectifs ;

- évacuer la pression, le stress, voire la peur qui parfois peuvent vous envahir ;

- prendre du recul sur les événements et éviter les erreurs.

Pour toutes ces bonnes raisons, il est nécessaire, voire indispensable, de mener les négociations avec le soutien d'une tierce personne. Celle-ci ne sera ni un ami ni un membre de votre famille. Bien que l'opinion de ces derniers soit sincère, elle sera forcément biaisée par des considérations affectives qui n'ont pas leur place dans le cadre des négociations que vous menez. La présence d'une personne complètement extérieure est essentielle.

Comme cela a été précisé à de nombreuses reprises dans cet ouvrage, la négociation en direct, celle que l'on fait pour soi, est indéniablement la plus efficace tant sur le plan des résultats financiers que de la durée. Mais comme vous devez sûrement l'avoir remarqué, elle est également très exigeante. Si vous ne vous sentez pas la force et l'énergie ou l'envie de mener cette négociation de façon directe, ne le faites pas.

Choisissez un repère

Voyons s'il existe un moyen simple de se préparer mentalement sans avoir à penser à chaque détail de façon séparée. Parmi les meilleurs outils de « programmation mentale » que nous connaissions, nous en retiendrons deux.

Les fonctions techniques

Si vous occupez une fonction à forte connotation technique de type « direction de projets », « direction des opérations », etc., la meilleure préparation mentale consiste à considérer la négociation comme un projet et vos interlocuteurs comme des ressources du projet.

Lorsque vous gérez un projet, vous identifiez un objectif, des contraintes, des ressources, etc. Parmi les éléments du projet, on peut trouver la gestion de cas humains difficiles, la prise en compte de certains paramètres d'environnement, la gestion de phases critiques, etc. Il doit en être de même pour les négociations que vous menez. Vous devez visualiser votre projet dans le temps, définir les acteurs clés, déterminer des liens entre eux et créer éventuellement des interactions afin d'atteindre l'objectif que vous vous êtes fixé. Il en est de même pour vos négociations.

Les fonctions commerciales

Si maintenant vous occupez une fonction à forte connotation commerciale, la meilleure préparation mentale consiste à considérer votre interlocuteur comme un client difficile que vous devez convaincre d'acheter vos produits.

Un client difficile reste d'abord et avant tout un client. Cela signifie qu'il a la capacité de vous acheter un produit, autrement dit de trouver une solution à votre problème. Il va donc falloir faire preuve d'encore plus de créativité et de force de conviction pour qu'il achète le produit.

Si vous parvenez à vous programmer mentalement de la sorte dans le cadre d'une négociation, vous prendrez énormément de recul et serez prêt à gérer avec sang-froid tous les événements qui pourront survenir. Des raisonnements similaires peuvent être tenus pour les autres fonctions (administratives, etc.).

Grille d'auto-évaluation
Clé 9 - Êtes-vous prêt mentalement à affronter la négociation ?

	Oui	Non
Pensez-vous avoir du recul sur la situation ?		
Avez-vous une idée, même approximative, du temps que devrait prendre la négociation ?		
Pensez-vous avoir été maître de vous jusqu'à présent ?		
Avez-vous des convictions fortes en ce qui vous concerne ?		
Votre force mentale se voit-elle ?		
Savez-vous à quel type d'interlocuteur vous avez affaire ?		
Craignez-vous les questions de votre entourage concernant la négociation en cours ?		
Avez-vous un mentor ?		
Avez-vous choisi votre marotte ?		

Additionnez vos réponses. Si vous avez obtenu des « oui » partout ou presque, vous êtes prêt(e) dans votre tête. Tout va donc bien se passer. Comment pourrait-il en être autrement ?

Sachez finaliser une négociation

Ça y est, vous y êtes ! Vous avez obtenu ce que vous vouliez ou presque. Mais, ce n'est pas terminé. Dans cette clé, nous verrons :

- Les promesses n'engagent que celle/celui qui les croit.
- L'écrit est nécessaire.
- La formalisation.
- Faut-il informer son entourage des résultats d'une négociation ?
- Et votre carrière dans tout cela ?
- En fait, vous êtes déjà entré(e) dans une nouvelle négociation.

Les promesses n'engagent que celle/ celui qui les croit

Qu'il s'agisse de négociations d'embauche, de départ ou de repositionnement, un grand nombre de choses sont dites parfois avec sincérité, parfois pour couper court à des conversations qui dureraient trop longtemps, parfois parce que votre interlocuteur est tenté d'en dire un peu plus pour vous vendre un poste, etc.

En théorie, la parole devrait suffire.

Par ailleurs, on constate souvent avec surprise que les écrits ne reprennent que partiellement les négociations. On se demande parfois pourquoi, alors que l'on a passé deux mois ou plus à discuter du contenu d'un poste et des moyens associés, on ne retrouve rien de cela sous forme contractuelle ou équivalente et pourquoi lorsque l'on pose la question de l'absence de ces informations, on nous répond dans la plupart des cas de « faire confiance ».

La confiance aurait-elle valeur de contrat ? Pourquoi l'entreprise aurait-elle des réticences à écrire noir sur blanc ce qu'elle vous a dit puisque c'est sur cette base que vous avez pris votre décision de la rejoindre ? On le sait parfaitement, quand tout va bien, l'écrit n'est pas nécessaire et la confiance suffit amplement à être heureux dans son travail, d'autant plus qu'elle n'est pas mise à l'épreuve. Mais quand tout va mal, alors que le cadre a généralement toujours confiance dans ses interlocuteurs, certains de ceux-ci peuvent, comme par enchantement, se dérober, s'exonérer de certaines de leurs responsabilités. Cette réaction se rencontre parfois, volet peu glorieux de notre nature humaine.

L'écrit est nécessaire

On constate que la plupart des hommes et des femmes d'entreprise ont une parole. Malgré cela, l'écrit reste nécessaire entre autres pour les raisons suivantes :

- l'environnement change vite ;
- les malentendus ou l'erreur d'interprétation doivent être levés.

L'environnement change vite

L'environnement économique actuel s'avère extrêmement exigeant pour les entreprises. Il les oblige à adapter le plus rapidement possible leurs outils de production afin de faire face à la concurrence et à l'ouverture des marchés.

Dans le cadre d'un nouvel emploi, n'oubliez pas qu'il se passe en moyenne neuf mois (onze si l'on tient compte de la réforme du marché du travail en cours) entre la date à laquelle vous remettez votre démission et celle de confirmation à votre nouveau poste (préavis de trois mois de votre ancienne entreprise auquel s'ajoute une période d'essai de deux fois trois/quatre mois). Or, onze mois représentent une période très longue dans le calendrier d'une entreprise. Cette dernière a le temps de modifier sa stratégie, de remettre en cause des projets, de remplacer certains de ses dirigeants voire de se faire racheter ou de racheter une nouvelle entreprise.

Cela signifie que le contexte en cours lors de votre négociation à l'embauche et sur la base duquel vous avez décidé de rejoindre la société peut avoir totalement changé. En conséquence de quoi, les engagements verbaux pris par l'entreprise à votre égard peuvent malheureusement ne plus être de mise. Non pas parce que ceux qui se sont engagés verbalement n'ont pas de parole, mais plus simplement parce qu'ils n'ont plus les moyens de la tenir. Ainsi, si vous avez été embauché pour le lancement de nouveaux produits et que la stratégie de la société a changé, votre patron lui-même ne pourra pas tenir ses engagements, indépendamment de sa volonté.

Clarification des malentendus

Une autre raison fondamentale pour laquelle l'écrit est nécessaire est qu'il permet de clarifier les éventuels malentendus et interprétations. Prenons un exemple : les entreprises anglo-saxonnes sont organisées généralement autour de deux grandes fonctions, « *sales* » et « *operation* ». Pour résumer, soit vous vendez, soit vous produisez.

Le « *Sales Director* », équivalent de notre directeur commercial, chapeaute en général la vente, l'avant-vente, le marketing produit et l'après-vente. Dans les organisations françaises, il est fréquent que ces dernières fonctions fassent l'objet de directions spécifiques et ne dépendent pas du directeur commercial. Vous comprenez alors le risque d'interprétation et de confusion si, venant d'une entreprise anglo-saxonne avec le titre de « *Sales Director* », vous rejoignez une entreprise française avec le titre de directeur commercial. Vous avez été de bonne foi dans votre démarche, tout comme l'entreprise, mais personne n'a accordé aux mots la même signification.

Finalement, l'écrit évite tout malentendu et rassure donc les parties sur leurs engagements respectifs tout en renforçant la confiance.

La formalisation

Nous allons maintenant entrer au cœur de cette dixième clé en abordant la question de la nécessité de passer par l'écrit.

Deux types d'écrits

Il existe deux types d'écrits : ceux nécessaires dans le cadre du processus de la négociation et ceux nécessaires pour la formalisation du contenu des négociations. Ces deux types d'écrits n'ont pas le même objectif. Les premiers visent à verrouiller un processus ou à débloquer une situation. Ils ne répondent à aucun formalisme précis et doivent le plus souvent possible s'insérer dans la culture de l'entreprise. Les seconds sont au contraire très formels et servent à acter un accord.

Écrits en cours de négociation

Restez prudent

Nous souhaiterions attirer tout particulièrement l'attention du lecteur sur la prudence et le recul nécessaires pour la rédaction des écrits. Dans le cadre de la relation à l'entreprise et encore plus spécifiquement dans le contexte d'un processus de négociation, il est indispensable d'éviter trop de formalisme. Malgré certains usages, nous vous recommandons de bannir systématiquement les formules du type « J'ai bien pris note que… » ou « J'accuse réception de… ». À moins que ces formules fassent partie de la culture de votre entreprise, elles informent votre interlocuteur que vous cherchez à formaliser les discussions afin de répondre à des objectifs précis de votre part. Naturellement, votre interlocuteur sera sur la défensive et se montrera non seulement de plus en plus vigilant sur ce qu'il dit est extrêmement parcimonieux dans ses écrits. Or cela n'est pas du tout recommandé pour des négociations, bâties par essence sur le dialogue.

N'abusez pas de l'écrit

Par ailleurs, tout ne doit pas faire l'objet d'un écrit. En effet, trop d'écrit nuit à la pertinence de celui-ci. Ensuite, chaque fois que vous écrivez, vous prenez le risque que votre message soit mal interprété ou que par la suite, il soit utilisé contre vous. Enfin, l'écrit peut générer la méfiance de votre interlocuteur.

À l'opposé, les négociations ne peuvent pas durer indéfiniment sans que des étapes aient été plus ou moins formalisées. C'est comme si vous demandiez à un alpiniste de gravir le sommet d'une montagne sans jamais planter de pitons pour assurer les quelques mètres qu'il vient de gravir.

Nous vous recommandons donc d'écrire soit lorsqu'une situation paraît bloquée, soit pour marquer l'aboutissement d'une étape de la négociation.

Prenons le cas d'une négociation dans le cadre d'un départ qui s'est déroulée de façon amiable, en pleine confiance et pour laquelle les parties n'ont pas jugé utile de rédiger des écrits intermédiaires au cours des négociations. Malheureusement, l'interlocuteur côté entreprise en charge des négociations est soudainement promu, muté, licencié ou démissionnaire. Vous allez donc devoir trouver un nouvel interlocuteur. Mais pensez-vous que celui-ci reprendra naturellement, mécaniquement les négociations là où elles se sont arrêtées avec l'interlocuteur précédent ?

Le nouvel interlocuteur cherchera peut-être à reprendre la main sur le dossier, pourra dans certains cas tout remettre en question, etc. Vous aurez alors beau faire référence à des discussions avec son prédécesseur, il y a peu de chances qu'il en tienne compte si celles-ci ne lui conviennent pas. Certes, les écrits provisoires auraient pu également être remis en cause. Cependant, même s'ils sont adressés à une personne en particulier de l'entreprise, ces écrits sont en fait adressés à la société en tant qu'entité. Sur le plan de la négociation, ils sont donc « opposables » à l'entreprise car votre ancien interlocuteur parlait au nom de l'employeur. Votre nouvel interlocuteur ne pourra donc pas totalement les ignorer.

Assurez-vous de sa nécessité

Enfin, pour envoyer un écrit, il faut le « sentir ». Envoyer un écrit provoque une réaction de la part du lecteur. Il faut donc s'y préparer. Cette réaction peut être calme, mais également violente selon la nature de l'écrit que vous lui avez envoyé. Aussi, il faut être persuadé que votre écrit est nécessaire, qu'il est bien rédigé dans le ton et la forme et que vous serez prêt à le défendre verbalement, quelle que soit la réaction de votre interlocuteur.

Écrits en fin de négociation

La négociation est terminée. Il est nécessaire maintenant de s'assurer que ce qui est rédigé reprend bien ce qui a été négocié. Ceci ne relève pas du domaine de la négociation, mais en constitue l'aboutissement. Cette validation est de nature juridique et doit être assurée par un spécialiste tel qu'un avocat. Plus les enjeux sont importants, plus le poste est exposé, plus la négociation a été longue, plus cette validation sera nécessaire.

Ces écrits, qui prennent la forme d'un contrat de travail, d'un protocole transactionnel ou encore d'un avenant, répondent à un formalisme précis.

Faut-il informer son entourage des résultats d'une négociation ?

La gestion de la communication post-négociation s'avère un sujet sensible. Généralement, on éprouve un besoin spontané à vouloir exprimer à son entourage le résultat d'une négociation.

Dans le cadre d'une négociation de départ, on peut être tenté d'informer ses collègues du montant de la négociation quelques jours avant de partir effectivement. Avant de leur donner cette information, il faut avoir à l'esprit plusieurs éléments.

Tout d'abord, il est déplacé vis-à-vis de votre entreprise de révéler le résultat des négociations qui ont jusqu'à présent fait l'objet de la plus grande confidentialité. L'information sur le résultat de la négociation peut avoir pour l'entreprise des effets induits négatifs que vous n'auriez peut-être pas imaginés ni encore moins souhaités. Supposons que votre négociation se soit bien passée tant sur le plan du résultat financier que du contexte psychologique et que vous annonciez à votre entourage professionnel que finalement, l'entreprise accepte facilement le principe d'une négociation et qu'elle est plutôt généreuse.

Vous faites de la sorte courir un bruit selon lequel il serait facile de gagner de l'argent : il suffirait de se faire licencier ! Cette information peut provoquer des effets induits sur certains cadres présents dans l'entreprise et sur leur motivation. Elle peut être très mal vécue par l'entreprise, qui va probablement regretter de vous avoir fait confiance et va vous en vouloir de ne pas avoir su garder le silence.

Nous vous conseillons donc par principe de dire à vos collègues que la négociation a été difficile et que vous n'avez pas de commentaire à faire sur les résultats obtenus. Dans une certaine mesure, il est peut-être même préférable d'annoncer que l'entreprise n'a pas voulu négocier et que vous avez remis votre démission. Notez que la communication post-négociation devrait se faire systématiquement en concertation avec l'entreprise. En termes d'image, vous devriez pouvoir participer, même pour la rédaction de la petite note de service expliquant votre départ. Mais tout ceci suppose que l'ensemble des règles d'une négociation ait été respecté au préalable.

Et votre carrière dans tout cela ?

Il importe de replacer systématiquement votre négociation en cours dans la perspective de la gestion de votre carrière. La signature d'un accord ne peut en tant que telle marquer la fin du processus.

Ce qui suit pourra sembler naïf, mais l'expérience montre que cela peut servir. En effet, finir une négociation revient également à remercier ceux qui vous ont aidé, par exemple le chasseur de tête ou un contact issu de votre réseau s'il s'agit d'une embauche, le responsable des ressources humaines, voire parfois votre responsable hiérarchique direct en cas de départ, etc.

Dans un monde parfois trop déshumanisé, vous n'imaginez pas l'impact que des petits gestes symboliques tels qu'une invitation à déjeuner, un bouquet de fleurs, etc., peuvent avoir sur la suite de votre carrière.

En fait, vous êtes déjà entré(e) dans une nouvelle négociation

La négociation est terminée. Mais ce n'est pas fini, du moins nous vous le souhaitons. En effet, une autre négociation commence.

Négociation d'embauche

À l'issue de la négociation de votre embauche à un nouveau poste, vous avez signé un contrat qui théoriquement reprend tous les termes de vos discussions. Vous allez prochainement rejoindre l'entreprise. À partir de là, vous allez entrer dans une nouvelle grande négociation, celle de la prise de poste, valable aussi bien pour les cadres moyens que pour un président de la République. Vous aurez donc « 90 jours pour convaincre® ». Pendant cette période, les collaborateurs, votre entourage professionnel, vont se faire une image de vous, de vos compétences, de votre personnalité, etc. Au-delà de cette période, il vous sera presque impossible de modifier cette image qui vous collera à la peau comme une étiquette. Alors qu'elle est fondamentale, cette problématique de prise de poste est très peu gérée aujourd'hui par l'ensemble de la population des cadres, y compris celle des cadres dirigeants.

Nous n'aborderons pas dans ce livre la problématique des « 90 jours pour convaincre® ». Cependant, la démarche à suivre rentre totalement dans le périmètre de la négociation. Trop de personnes pensent que ce qui a été négocié à l'embauche et reporté dans le contrat correspondra à une réalité du quotidien dans l'entreprise qu'ils rejoignent. Il est cependant fréquent que cela ne soit pas le cas.

Vous avez par exemple été embauché pour prendre la direction commerciale de la France. Or, jusqu'à présent, le marché français était géré depuis Londres. Pensez-vous que par magie vos collègues londoniens vont vous abandonner subitement le marché français et oublier tous les efforts qu'ils ont produits jusqu'à présent pour le développer ? En théorie, oui puisque cela a été décidé par la hiérarchie. En réalité, rien n'est moins sûr. Il faudra donc que vous marquiez votre territoire.

Le travail accompagnant la prise de poste vous permettra de faire en sorte que la réalité se rapproche le plus possible de la théorie. Dans ce cadre, il s'agira d'abord et avant tout de définir un ou deux objectifs personnels, par exemple s'assurer un périmètre réel de responsabilités, tisser un réseau interne pour mieux anticiper, comprendre et gérer les relations politiques. Il ne reste plus ensuite qu'à définir un plan et des moyens d'action en restant vigilant sur un certain nombre de règles à respecter et d'erreurs à ne pas commettre.

Négociation de départ

Après la négociation de départ, quel discours allez-vous tenir à votre futur employeur sur les modalités de votre rupture ?

Pour certains postes, ce nouvel employeur pourrait être tenté d'appeler votre ancien responsable pour obtenir des renseignements. Il serait préférable dans ce cas de ne pas avoir menti sur les modalités de la rupture. Il faut donc éviter de dire que vous avez démissionné si vous avez négocié votre départ. Dites plutôt la vérité, à savoir que votre ancien employeur et vous avez décidé d'un commun accord de vous séparer à l'amiable et que vous avez gardé de bonnes relations avec lui, si tel est le cas.

Force est de constater que cette situation, qui aurait été mal vue il y a quelques années, est aujourd'hui de mieux en mieux perçue par les recruteurs. Au-delà de votre honnêteté, vous faites passer le message que si la situation devait mal tourner entre lui et vous, vous seriez à même de trouver un accord amiable.

Le lecteur comprendra que cette démarche se situe à l'opposé d'une démarche consistant à créer un conflit ouvert avec son employeur. Dans de nombreux milieux professionnels et plus encore si vous bénéficiez d'un statut de cadre supérieur ou de dirigeant, tout se sait et tout le monde se connaît. Avoir un passif avec votre ancien employeur vous serait donc assurément défavorable dans le cadre de la suite de votre carrière.

Grille d'auto-évaluation

Clé 10 - Avez-vous bien finalisé votre négociation ?

	Oui	Non
Toutes vos discussions ont fait l'objet d'un écrit.		
Les écrits reprennent bien ce que vous aviez compris.		
Les écrits ont été validés par un conseil juridique habilité.		
Vous savez exactement le discours que vous allez tenir à votre entourage.		
Vos rapports avec l'entreprise sont bons.		
Vous avez remercié les personnes qui vous ont aidé(e), soutenu(e).		
Vous êtes maintenant serein(e) pour affronter la suite.		

Additionnez vos réponses. Si vous n'avez que des « oui » ou presque, vous avez terminé. Bravo ! Dans le cas contraire, analysez les failles et voyez si elles méritent que vous y retravailliez.

Les dix clés en pratique

L'objectif des cas pratiques présentés dans cette seconde partie est de développer tout le processus ayant conduit à une négociation satisfaisante pour les deux parties en applications des dix clés. La plupart de ces cas, traités par l'auteur lors de conférences organisées auprès des grandes écoles, sont authentiques. Cependant, afin de maintenir la plus grande confidentialité possible, certains faits ont pu être légèrement ajustés et les noms des acteurs ont bien sûr été changés.

Négocier un départ quand l'entreprise veut vous garder

Un cadre est véritablement efficace dans une entreprise lorsque ses aspirations profondes correspondent aux besoins précis de celle-ci. Parmi ces aspirations, citons l'intérêt de la mission, la reconnaissance pour le travail réalisé, la rémunération, etc.

Dans certains cas, les besoins de l'entreprise sont en décalage avec les aspirations, voire les compétences du cadre. Dans ce cas, il est fréquent que ce dernier soit repositionné au sein d'une entreprise ou même licencié. De la même façon, alors que l'entreprise peut considérer que le cadre est parfaitement à sa place, celui-ci peut avoir des aspirations autres que celles que l'entreprise peut lui laisser envisager. Dans ce cas, ce collaborateur peut être amené à démissionner.

Le cas ci-après est consacré à un cadre ayant vu son environnement professionnel modifié suite au rachat de son entreprise. Pierre a 46 ans et exerce depuis six ans la fonction de directeur de la trésorerie d'un groupe industriel français que nous nommerons GIF. Il n'envisage pas de démissionner, mais aimerait trouver une solution pour subir le moins possible les conséquences de l'évolution des besoins de l'entreprise sur sa carrière et sa vie privée. Nous verrons comment, grâce à un jeu politique complexe, Pierre a pu négocier un départ amiable alors que la société voulait le garder.

Contexte

GIF a été racheté il y a 6 mois par un groupe américain, GUS, dont l'ensemble de l'activité Europe est localisé en Angleterre. Tous les dirigeants de GIF ont soit démissionné soit déménagé à Londres. Suite à une série d'opérations de croissance externe, le président de GUS a pris la décision d'uniformiser les processus transversaux en appliquant les « *best practices* » des différentes entités. La trésorerie est incluse dans ce champ d'analyse.

Dans le cadre de la nouvelle organisation souhaitée par GUS, Pierre rend des comptes à un responsable fonctionnel, le directeur Trésorerie Monde, basé à Atlanta aux États-Unis, et à un responsable hiérarchique, le directeur financier Europe, basé à Londres.

Pierre et le DRH sont les seuls cadres dirigeants de GIF continuant à exercer depuis la France. Pour des raisons familiales (acquisition d'un appartement, scolarité des enfants, emploi de son épouse), Pierre n'envisage pas de déménager à Londres comme le lui demande l'entreprise.

Problématique

Pierre a toujours obtenu d'excellents résultats au sein de GIF et son travail a toujours été apprécié. Il vivait très mal le fait d'être contraint à la démission, d'autant qu'il se retrouverait alors en situation de précarité professionnelle et ce, indépendamment de sa volonté et de la qualité de son travail. Il se demande alors s'il est possible de trouver un accord lui permettant de lisser un éventuel incident de carrière et d'éviter ainsi de subir les préjudices de la situation présente. Si possible, il lui importe de ne prendre aucune décision qui puisse nuire à l'entreprise.

Le problème est qu'aujourd'hui, personne ne le connaît chez GUS. Il dispose donc d'un pouvoir de négociation extrêmement réduit, voire nul. Pierre a conscience que s'il ne crée pas les conditions d'un rapport de force, il ne sera jamais en position de négocier quoi que ce soit avec l'entreprise.

À la réflexion, au regard du contexte global et après avoir fait le tour de toutes les stratégies possibles, Pierre décide d'opter pour la « stratégie de l'utilité économique ». Cette démarche va consister pour Pierre à se rendre indispensable à la société avant d'engager toute discussion. De la sorte, il créera un rapport de force qui lui donnera du poids lorsqu'il demandera à la société de prendre en compte sa problématique personnelle et de trouver une solution.

Analyse

Pierre analyse le contexte global et pense qu'il est possible de tirer parti du projet d'uniformisation des trésoreries au niveau mondial. Son raisonnement est alors le suivant : *« si je parviens à montrer que la gestion de la trésorerie comme je la pratique chez GIF au niveau mondial apportera à GUS des avantages indéniables par rapport à ce qui est fait jusqu'à présent, je me mets en position de devenir un élément important pour la société. »*

Pierre prend conscience que pour réussir dans sa démarche, il faut que sa proposition :

- puisse être effectivement généralisée chez GUS et s'accompagner d'économies ou d'améliorations de la productivité ;

- soit acceptée sur un plan « politique » par l'entreprise et notamment par son supérieur hiérarchique direct et les différents responsables financiers à travers le monde.

Toute la démarche de Pierre va donc suivre cette stratégie.

Ainsi, son premier objectif est de faire en sorte que le président de GUS reconnaisse que la gestion de la trésorerie mise en place par GIF peut être généralisée au groupe. Pour Pierre, cela signifie qu'il devra :

- faire une analyse comparative des systèmes de gestion de la trésorerie entre GIF et GUS ;

- identifier tous les avantages pour GUS de la généralisation du modèle de GIF ;

- parvenir à présenter ses résultats au président de GUS ;

- apparaître aux yeux du président de GUS comme l'homme indispensable du projet.

En parallèle, et c'est le second objectif de Pierre, il devra se montrer particulièrement vigilant par rapport à son environnement politique et humain. En effet, son supérieur hiérarchique direct, le directeur financier Europe, aura lui tout intérêt à ce que le modèle actuel de GUS soit généralisé au niveau mondial. L'expérience qu'il a acquise sur ce modèle lui donne une crédibilité historique et une légitimité de compétences qu'il perdrait si un nouveau modèle de gestion de la trésorerie était mis en place, aussi bon soit-il. Il risque d'agir contre Pierre et chercher à lui mettre des bâtons dans les roues.

D'un autre côté, Pierre prend rapidement conscience que le directeur Trésorerie Monde devrait au contraire être un allié dans son projet. En effet, il semble considérer que la réorganisation des trésoreries au niveau mondial lui assurera une meilleure prise de contrôle sur ce qui se passe dans les différents pays et ainsi lui permettra de lutter contre certaines baronnies.

Pierre décide donc de se rapprocher de ce dernier afin d'obtenir de lui qu'il organise une présentation de ses travaux en présence du président. Malgré les réticences du directeur financier Europe, la présentation se produit quelques semaines plus tard.

Le président se montre très favorablement impressionné par la prestation de Pierre et par l'intérêt de généraliser le modèle de trésorerie développé par GIF. Il a perçu le rôle primordial que Pierre pouvait jouer dans le déroulement du projet et tout naturellement se met à compter sur lui. Le directeur Trésorerie Monde est également ravi d'avoir présenté au président celui qui était devenu son poulain.

Pierre a ainsi atteint son objectif premier. Alors que trois mois auparavant, il était inconnu du président, il est aujourd'hui devenu un élément sur lequel le président compte, tout comme le directeur Trésorerie Monde, qui l'a chargé de piloter la mise en œuvre au niveau mondial.

Mise en œuvre

Comment Pierre va-t-il maintenant annoncer à la société qu'il ne sera malheureusement pas l'homme de la situation, car il n'envisage pas de s'installer à Londres ? Une démarche directe vis-à-vis du directeur Trésorerie Monde serait sûrement très mal perçue car la stratégie de Pierre apparaîtrait au grand jour. Il décide alors de se retourner vers le DRH de GIF, en lui indiquant qu'il serait très fier de servir l'entreprise dans le cadre du projet d'uniformisation des trésoreries, mais qu'il lui est matériellement impossible de déménager à l'étranger.

Au même titre que Pierre, le DRH est le seul rescapé parisien de GIF. Cette situation commune crée une certaine solidarité entre eux. S'il ne dispose pas de véritable pouvoir de décision, le DRH pourra servir de relais à Pierre. Il remonte donc, avec tact et finesse, l'information à GUS et au directeur Trésorerie Monde et lui fait part de son analyse.

Le DRH : « *Nous ne pouvons contraindre Pierre à s'installer à Londres ou dans un autre centre décisionnel de GUS. S'il démissionne, tout le projet tombe à l'eau.*

Le directeur Trésorerie Monde : *Mais si comme il le dit, il ne peut quitter Paris et que nous le licencions, il est bien évident que nous ne pourrons pas compter sur ses compétences dans le cadre du projet "Trésorerie".*

Le DRH : *Aussi, dans ce contexte, je recommande de rechercher un accord. Je connais Pierre depuis des années, c'est un homme raisonnable, droit et fiable et je suis certain que dans ce cadre, il ne nous quittera que lorsque le projet aura été défini, bien engagé et qu'il aura préparé sa relève opérationnelle.*

Le directeur Trésorerie Monde : *D'après les enjeux que vous m'avez présentés, je pense que nous y gagnerions et, sait-on jamais, n'oublions pas que nous pourrions encore avoir besoin de lui, ponctuellement, dans les deux ans.* »

Cette problématique remontée par le directeur Trésorerie Monde au président de GUS produit un effet imprévu ; mais toutefois pas si surprenant que cela pourrait paraître de prime abord, en raison du nouveau contexte créé par Pierre. Le président, impressionné par la présentation de Pierre, lui propose en effet de s'installer au siège social du groupe à Atlanta, en Géorgie, moyennant le quasi-doublement de sa rémunération ! La position du président se justifie par les enjeux considérables que représente pour lui la mise en place rapide de l'uniformisation des trésoreries au niveau mondial et par l'excellent état d'esprit de Pierre. Le directeur Trésorerie Monde quant à lui, lui propose de devenir son adjoint à un horizon de deux ans.

Pierre ne reste pas insensible à cette démarche. Cependant, il décide de décliner l'offre, tant sa volonté de rester en région parisienne est forte. Après une longue discussion avec le DRH, la société lui propose le « deal » suivant : il s'engage à coordonner la mise en place de l'uniformisation des trésoreries et à former l'ensemble des personnes nécessaires au succès de ce projet. En contrepartie, la société définit dès à présent les conditions d'une rupture amiable de son contrat à un horizon de six mois lui permettant de rebondir sereinement dans sa vie professionnelle.

Pierre a désormais conscience que le plus dur est fait et qu'il a atteint tous ses objectifs :

- ne pas démissionner au risque de tout perdre ;
- ne pas entrer en conflit avec la société ;
- être resté professionnel jusqu'au bout pour permettre à la société de réaliser ses projets ;
- bénéficier d'une excellente image au sein de GUS ;
- négocier les conditions de son départ pour lui permettre de rebondir sereinement.

Résultat

Cette étape se passe relativement rapidement, tant les parties sont favorables à un accord. Certes, les discussions se multiplient, mais l'intérêt de l'entreprise à conserver Pierre motivé et donc à s'assurer du succès de leur projet est tel que les chiffres ne sont pas si fondamentaux que ça.

Sur le plan financier, Pierre obtient donc un dédommagement lui permettant de rebondir sereinement pour retrouver un poste. Pour évaluer le montant de l'accord, Pierre et la société ont procédé selon une approche de coût de remplacement. Suite à la rupture de son contrat de travail, Pierre va en effet subir différents préjudices. En effet, malgré la compensation des Assédic, le manque à gagner sur le plan financier s'avère important et le sera d'autant plus que le temps pour retrouver un emploi de niveau équivalent sera long. Par ailleurs, sur le plan de sa carrière, Pierre aura peut-être du mal à trouver un poste à ce niveau de responsabilité et de rémunération. Il pourrait être amené à accepter un poste de niveau inférieur. Enfin sur le plan moral, Pierre risque de se retrouver sans emploi, alors qu'il a toujours obtenu de bons résultats. Compte tenu de son statut social, se retrouver au chômage n'est pas très facile à imaginer ni à vivre pour Pierre. Tous ces éléments sont donc pris en compte pour déterminer le montant d'un accord.

Sur le plan professionnel, Pierre a la satisfaction de terminer « en beauté », en généralisant ses méthodes GIF au niveau mondial chez GUS et de quitter l'entreprise en bon accord avec ses cadres. Accessoirement, ce contexte pacifié a mis Pierre en bonne condition pour se (re)présenter sur le marché du travail. Il a d'ailleurs finalement signé pour un nouveau poste avant la fin de sa mission chez GUS !

Conclusion de l'histoire

Négocier un départ quand une entreprise souhaite vous garder représente une situation confortable, car devenir indispensable à une organisation constitue souvent un excellent moyen de négocier.

De plus, la stratégie de l'« utilité économique » est l'une des meilleures en matière de négociation, qu'il s'agisse des négociations de départ, d'entrée, d'un repositionnement interne ou plus simplement de rémunération.

Par ailleurs, toute stratégie a un sens dès lors qu'elle intègre bien les différents intérêts des acteurs.

De même, il est toujours plus facile de négocier en position de force qu'en position de faiblesse. Le contexte d'une position de force peut se créer.

Enfin, une négociation de départ ne se fait pas forcément au détriment des intérêts de l'entreprise. Notons ainsi que le DRH a été félicité par le président pour la gestion du cas de Pierre et a, par la suite, été promu DRH Europe chez GUS.

Obtenir le maximum lors de l'embauche avec l'intérêt de l'entreprise comme levier

Dans la grande majorité des cas, les cadres abordent les négociations d'embauche en se focalisant sur leurs objectifs, à savoir ce qu'ils veulent obtenir en contrepartie de leur collaboration. En se focalisant de la sorte sur ce point, ils oublient généralement le principal : l'intérêt de l'entreprise.

Le cas suivant présente une situation où le cadre s'est concentré sur l'intérêt de l'entreprise. De la sorte, il a pu légitimement faire correspondre ses attentes avec celles de la société. Cela a conduit à une négociation extrêmement satisfaisante pour toutes les parties.

Contexte

La société française Xénotron, spécialisée dans les services informatiques à la banque de détail, souhaite se développer dans un nouveau secteur de marché de la banque : la gestion d'actifs. Pour cela, elle a déjà constitué une équipe technique et signé des accords de distribution de produits. Elle recherche un directeur commercial connaissant le marché et les clients. Paul, 38 ans, est un candidat très sérieux.

Problématique

Paul a travaillé douze ans dans le domaine de la gestion d'actifs en tant que commercial et connaît parfaitement le marché. Sa rémunération précédente est de 100 000 euros annuels, tandis que celle du nouveau poste se monte à 80 000 euros fixes plus 40 000 euros de variables à objectifs atteints. Il importe de savoir que Paul est le seul à toucher un salaire dans son foyer, ce qui ne facilite pas forcément les choses. De plus, Paul est en cours de licenciement par son employeur actuel.

Paul s'interroge. Certes, il a besoin d'un nouvel emploi rapidement, mais il aimerait s'assurer d'obtenir le meilleur de ce que Xénotron peut lui proposer, surtout qu'il visualise un certain nombre de risques associés au poste. Dans ce contexte, il a conscience de disposer d'importants atouts, mais a du mal à les formuler clairement. Paul se demande ce qu'il doit négocier et surtout comment faire pour l'obtenir sans que la société ne considère sa volonté de négocier comme un élément justifiant le rejet de sa candidature.

Pour répondre à cette problématique, plusieurs paramètres doivent être pris en compte dans le cadre de la préparation à la négociation. Cette phase représente le moment le plus déterminant et le plus long dans le processus de négociation, car la ligne de conduite à tenir pour la négociation avec l'entreprise y est élaborée. La suite du processus de négociation n'est qu'ajustement et affinement de la stratégie élaborée lors de cette phase.

La négociation des conditions d'embauche vise à amener un employeur à proposer le maximum de ce que le contexte lui permet. Parfois il peut beaucoup, parfois moins, mais dans tous les cas, vous aurez la certitude d'avoir obtenu le maximum.

Mise en œuvre

Préparation de la négociation

Différents paramètres sont à prendre en compte.

Analyse du contexte

Tout d'abord, il faut déterminer l'intérêt que porte l'entreprise à sa candidature. Paul a pour lui de disposer d'un savoir-faire particulier concernant la niche d'activité que souhaite développer la société. Celle-ci se trouve donc dans une situation de besoin spécifique pour la satisfaction duquel peu de collaborateurs ont le savoir-faire nécessaire. Paul a donc une valeur « économique » importante pour l'entreprise.

Il ne faut pas non plus négliger sa valeur « politique » aux yeux de celui qui a lancé le projet. Ce dernier, tout directeur général qu'il soit, est le maillon faible du dossier de Paul. Il faudra l'identifier et avoir accès à lui lors des négociations. En effet, l'entreprise a investi dans des hommes et des produits pour bâtir une nouvelle offre. En l'absence d'une force commerciale comme Paul, le succès du projet sera limité ou du moins retardé. Le responsable du projet, celui qui a défendu les budgets associés, a donc un intérêt personnel, pour sa carrière, son image, etc., à ce que Paul les rejoigne au plus vite. Enfin, Paul a été "chassé", ce qui le met en position de force relative par rapport à Xénotron pour engager la négociation et formuler ses propositions.

Détermination et hiérarchisation des objectifs

Avant d'engager des discussions, Paul définit ses objectifs, puis les hiérarchise et place dans trois catégories : les rédhibitoires, les prioritaires et les accessoires. Par ailleurs, Paul ne tient pas à négocier le montant de sa rémunération qui le satisfaisait. Il s'attache surtout à négocier les éléments protecteurs et la définition de ses fonctions. Ainsi, il souhaite la mise en œuvre de ce que les juristes appellent une « clause de garantie d'emploi », c'est-à-dire une indemnité forfaitaire dégressive en cas de rupture du contrat afin de lui permettre d'accomplir ses missions avec sérénité. Il sait en effet que sa mission nécessite deux ans pour être menée à bien et ne souhaite pas qu'un changement de direction stratégique de l'entreprise lui soit préjudiciable. Par ailleurs, il décrit dans le détail ses attributions, compte tenu des risques de chevauchement de son activité avec d'autres. Enfin, il prévoit de demander la suppression de la clause de non-concurrence et de la période d'essai.

Argumentation (résumé)

Les arguments suivants permettent à Paul d'ouvrir le débat avec la société. Il a cependant été nécessaire de faire un travail préalable d'accès au « maillon faible », c'est-à-dire le directeur général qui a engagé le projet personnellement. Une fois cela accompli et ses objectifs hiérarchisés, Paul discute avec l'entreprise en utilisant et en développant les arguments suivants.

Suppression de la période d'essai

Puisque Paul est débauché – il prend donc le risque de quitter sa précédente entreprise – et que Xénotron connaît son savoir-faire pointu, elle ne peut lui imposer d'effectuer une période d'essai, qui le mettrait dans une situation précaire pendant les mois s'écoulant de son préavis à la confirmation à son poste.

Mise en œuvre d'une « garantie d'emploi »

Puisque le poste prévoit de créer une nouvelle activité et de faire adhérer l'ensemble de l'entreprise à ce projet, il existe des risques non négligeables d'échec, indépendants de la volonté de Paul et de son travail, mais liés à la structure ou à la culture de l'entreprise. Une telle protection est donc pour lui vitale.

Description détaillée des attributions

Pour faciliter la mise en place de l'activité, il est nécessaire de lever toute ambiguïté s'agissant du titre, du rattachement hiérarchique, des responsabilités et des fonctions de Paul.

Suppression de la clause de non-concurrence

Puisque l'activité est nouvelle pour Xénotron et que tous les clients issus de l'activité proviendront du seul carnet d'adresses de Paul, l'entreprise ne peut en toute légitimité imposer une telle contrainte à Paul.

Résultat

Après six rendez-vous avec son directeur, pour une durée totale de dix heures d'échanges réparties sur quatre mois, Paul a négocié et obtenu :

- une garantie d'emploi de 24 mois rendue applicable dès le premier jour de l'embauche ;

- l'engagement verbal du directeur de ne pas renouveler la période d'essai, même si le maintien de celle-ci constitue une question de principe *a priori* non négociable chez Xénotron ;

- la description détaillée de ses attributions ;

- la suppression de la clause de non-concurrence.

Conclusion de l'histoire

Trois mois après son embauche, la société Xénotron fait l'objet d'une fusion dans un contexte de récession de son secteur d'activité. Il en résulte un gel général des budgets, dont Paul subit les effets malgré ses efforts pour prouver la viabilité de son projet. Il est donc licencié au cours de sa période d'essai. La société, même si elle pose quelques difficultés, lui verse finalement l'indemnité prévue.

Paul touche ainsi une indemnisation substantielle alors qu'il n'a travaillé que cinq mois dans l'entreprise, ce qui peut paraître immoral. Certains se diront certainement que « *C'est de l'argent facile !* » ou « *Encore un qui se sucre sur le dos de son entreprise...* » Pourtant, en approfondissant le raisonnement, rien n'est moins sûr. La société a mis fin à sa période d'essai indépendamment de la qualité du travail et de la motivation de Paul.

La rupture de la période d'essai était cependant économiquement nécessaire pour l'entreprise. De son côté, Paul perd tout. Les enjeux sont donc très importants puisque trois types de préjudices sont identifiés.

Ainsi, sur le plan financier, le chômage va inévitablement entraîner une baisse des revenus de Paul. Sa perte de crédibilité suite à la rupture de son contrat va rendre plus difficile la possibilité de briguer un nouveau poste aux mêmes conditions financières.

De plus, sur le plan professionnel, Paul va subir des préjudices pour atteinte à son image, à sa réputation et pour l'arrêt brutal de son évolution de carrière. Lors de son arrivée, il avait, à la demande de son supérieur, informé tous ses contacts à très haut niveau (notamment des dirigeants) de son embauche chez Xénotron. Par conséquent, *quid* de sa crédibilité quand ils auront appris son licenciement au bout de cinq mois ? Alors qu'il leur a vanté les mérites de Xénotron, pourquoi lui feraient-ils à nouveau confiance lorsqu'il vantera les mérites d'une autre société ?

En outre, son passage éclair chez Xénotron pourra être interprété comme de l'instabilité et lui être reproché lorsqu'il cherchera un nouveau poste, ce qui le mettra en position d'échec vis-à-vis de ces futurs employeurs. Il deviendra très difficile pour lui de négocier un nouveau contrat de travail à haut niveau de responsabilités dans sa niche d'activité, où tout le monde se connaît.

Enfin, sur le plan moral, alors qu'il n'a commis aucune faute et que la société n'a rien à lui reprocher, Paul va se sentir humilié et cassé moralement. Alors, tout ceci est-il moral ou immoral ? Légitime ou illégitime ? Je laisse au lecteur le soin de décider.

Rappelons le caractère non exceptionnel de ce contexte et soulignons la nécessité d'anticiper au maximum les aléas dont l'entreprise peut faire l'objet en y prévoyant un minimum de parades lors de la négociation d'une embauche.

Négocier dans le cadre d'une fusion

Ce cas pratique, celui d'une négociation suite à une fusion, raconte comment un cadre a géré avec tact et finesse une situation qui aurait pu tourner au cauchemar. Ce cas aurait pu également s'appeler « Trop vieux, trop cher » ou « Cas de négociation politique complexe », c'est-à-dire des situations nécessitant des négociations menées avec anticipation – le fondement même d'une gestion proactive de carrière.

Contexte

Théorème est un groupe industriel français. Dans le cadre de son plan stratégique, son président a décidé de vendre certaines des entités du groupe à la société Pythagore. Jacques, 56 ans, diplômé d'une prestigieuse école d'ingénieur, compte vingt ans d'ancienneté chez Théorème. Il en dirige l'une des entités, qui emploient cinq mille personnes dans le monde. Il apprend un jour la vente de son entité et qu'il est pressenti pour prendre la direction générale de l'entité cédée après la cession.

Problématique

Jacques analyse la situation : il connaît bien Pythagore, dont certaines divisions étaient en concurrence avec la sienne. Sa culture est très différente de celle de Théorème et il prend conscience rapidement qu'il n'aura pas grand avenir dans cette entreprise.

Si le poste qui lui est proposé est flatteur, il commence à penser qu'il n'est que transitoire : Jacques est sans doute « trop vieux, trop cher » ! Il a conscience que sa mission va essentiellement consister à assurer la transition mais que la nouvelle société n'aura pas grand besoin de lui par la suite. Il ne souhaite pas voir vingt ans de bons et loyaux services gâchés par un événement extérieur indépendant de sa volonté et de la qualité de son travail. Si rester chez Théorème ne semble ni envisageable ni souhaité, autant partir et rechercher ailleurs meilleure chaussure à son pied. Du reste, le moment est peut-être venu de réaliser certains projets personnels dont il caresse l'idée depuis de nombreuses années… Jacques a besoin d'assurer ses arrières.

Un autre point le préoccupe également : pur homme d'entreprise, il a pris l'engagement auprès de ses équipes de ne pas les « laisser tomber » et de les soutenir lorsque des arbitrages devront être rendus, lors des réorganisations et des synergies diverses impliquées par l'absorption par Pythagore. Enfin, il a conscience qu'il représente un élément important pour assurer le succès de la fusion. Au fond de lui, il veut réussir ce qui sera peut-être son dernier grand projet professionnel.

Partir, rester, accepter ou refuser le poste, Jacques doit prendre du recul et définir une voie d'action compatible avec son intérêt personnel et ses engagements professionnels, tant vis-à-vis de ses hommes que de son entreprise. Mais rien ne semble simple et évident. Pour avoir géré des cas similaires (avec une optique de dirigeant), il sait qu'au moindre faux pas, tout peut aller très vite et basculer, car chacun a des exigences de résultats.

En extrapolant la situation et après réflexion, Jacques définit trois objectifs :

- gérer sereinement la fin de sa carrière ;
- éviter d'être « placardisé » une fois la fusion terminée ;
- aller au bout de sa mission par engagement vis-à-vis de ses équipes et par conscience professionnelle.

Mise en œuvre

Analyse politique de la situation

Il importe ici de comprendre l'intérêt des différents acteurs pour résoudre le problème de Jacques.

Côté Théorème

Le futur de l'entité de Jacques et de celui de ses salariés ne concerne plus vraiment le P-DG. En revanche, la vente de l'entité, à connotation politique et fortement souhaitée par le conseil d'administration, n'est pas encore finalisée. Pythagore, conforme à sa réputation, exige des garanties : pas de rupture avec les clients, bon achèvement des contrats en cours, équipes opérationnelles, maintien des cadres et des techniciens clés, respect des budgets en cours, etc., et ce entité par entité. Dans le cadre de la vente, l'entité de Jacques représente le plus gros « morceau ».

Titulaire d'une formation initiale de DRH et doté d'une réputation de « coupeur de têtes », le DG, lui, connaît personnellement Jacques pour avoir travaillé avec lui lorsque ce dernier avait assuré son intérim, avant l'arrivée de son patron actuel, et l'apprécie professionnellement. En revanche, leurs relations personnelles se sont dégradées lorsque Jacques a soutenu l'expression d'un certain mécontentement de peur de ses troupes lors de la fusion. Actuellement, il lui reproche de trop s'investir dans les tractations liées à la vente de l'entité et de négliger son rôle opérationnel au service de Théorème.

Certains de ses comportements sont vexatoires et de mauvais augure. Il barre tout retour possible de Jacques vers Théorème et semble difficilement influençable sur ce point, même si sa situation personnelle au sein de Théorème est pour l'heure fragile. Son intérêt est en conséquence de voir la vente de l'entité de Jacques se réaliser le plus rapidement possible et fort correctement pour Théorème... et de voir partir Jacques chez Pythagore.

Le supérieur hiérarchique de Jacques vient d'arriver dans le groupe et en connaît encore mal les métiers. Il est responsable en titre de la vente de l'entité de Jacques et sera ensuite réintégré au sein de Théorème. Son intérêt est que la vente se fasse vite et bien, en créant le minimum de vagues.

Côté Pythagore

Le directeur du développement a participé au choix stratégique de l'entité de Jacques par Pythagore et a la charge du dossier. Il en répond directement au P-DG. Jacques travaille avec lui depuis quelques mois et les choses se passent extrêmement bien. Son intérêt est que le rachat soit correctement bouclé et que l'intégration de l'entité de Jacques dans Pythagore se déroule sans grosses anicroches, en interne comme en externe. Les enjeux clients en cours sont en effet vitaux pour Pythagore.

En conclusion et selon toute vraisemblance, Jacques paraît représenter un élément déterminant dans la réalisation de la vente parce qu'il maîtrise son entité et constitue le ciment de ses équipes. Le pouvoir pour mener la négociation est trouvé. Il lui reste maintenant à provoquer la prise de conscience de son entreprise pour établir le terrain de la négociation.

Stratégie

Compte tenu de l'environnement politique complexe, Jacques a mis en place une stratégie à deux coups. L'objectif théorique pour répondre aux objectifs de Jacques serait de négocier par anticipation un départ, en échange d'un engagement de bonne fin de sa mission dans la fusion. Cet objectif reste théorique à ce stade, car toute solution doit être mise en œuvre avec une assise juridiquement solide.

Jacques décide tout de même d'approcher l'entreprise sur ces bases en remettant à plus tard et en laissant aux spécialistes les contraintes de nature juridique. Il est tout d'abord décidé d'agir sur Théorème, actuel employeur de Jacques, et en cas d'échec de se retourner vers Pythagore.

Négociation

Discussions avec Théorème

Jacques a donc engagé les discussions avec Théorème en mettant en avant :

- son passé dans le Groupe et le fait d'en être toujours salarié ;

- sa loyauté et son engagement sans faille ;

- son rôle déterminant dans la vente en cours ;

- l'intérêt de sa présence lors de la phase de transition afin d'assurer le respect des engagements en cours, cruciaux et contractualisés par Pythagore.

Il fait en outre part de son analyse quant à son avenir personnel au sein de Pythagore : une valeur tout à fait conjoncturelle aux yeux de cette entreprise, une culture par trop marquée, un « gros » salaire et un âge jugé avancé, d'où au mieux une « placardisation » à terme ou une sortie brutale. L'idée ici est de guider Théorème vers une solution.

Cette approche a été tenue pendant quatre mois au bout desquels il s'est avéré qu'elle n'aboutirait pas. Théorème avait changé et le ressentiment du directeur général adjoint à l'égard de Jacques était de plus en plus destructeur. Le moment était venu de tenter de discuter avec Pythagore, qui avait beaucoup à perdre ou à gagner, en s'appuyant sur les démarches antérieures engagées avec Théorème.

Discussions avec Pythagore

Pas facile d'aller voir une entreprise en lui tenant le discours suivant : « *Je suis trop vieux, trop cher. Une fois la mission terminée, vous allez vous séparer de moi ou me "placardiser". Trouvons une solution.* » Cela suppose du tact et de la finesse.

Pendant deux mois, alors que la vente n'avait pas encore été finalisée, Jacques a fait passer l'idée à Pythagore qu'il ne pourrait avoir d'avenir chez eux. Tout en exprimant à cette société sa volonté de continuer à travailler avec elle, Jacques a fait part de son analyse. Il était conscient qu'il était hautement probable que le Groupe ne souhaiterait plus bénéficier de ses compétences à l'avenir, une fois son entité intégrée avec succès dans Pythagore. En effet, Jacques est trop « marqué » Théorème, trop âgé, trop cher, etc., alors que de nombreux cadres méritants de Pythagore feraient à leurs yeux tout aussi bien l'affaire, voire mieux, que lui. Par ailleurs, il leur a précisé qu'il avait tenté une négociation avec Théorème, qui avait jusqu'alors malheureusement échoué.

Si elle souhaitait « sécuriser » la participation active de Jacques dans le transfert, Pythagore était alors placé devant deux alternatives : soit elle faisait pression sur Théorème pour qu'elle règle le problème, soit elle le réglait elle-même.

Entre-temps et plus le temps passait, il devenait évident pour tout le monde que Jacques représentait un atout incontournable dans le transfert. En effet, en ces circonstances difficiles, son comportement restait professionnel jusqu'au bout des ongles.

Cette attitude lui était naturelle, mais il avait compris que c'était la condition pour trouver un accord équilibré. Il jouait le jeu de l'entreprise, pourquoi cette dernière ne jouerait-elle pas le sien ?

Malgré un début de démotivation, il tenait à ne pas risquer qu'on lui reproche la moindre insuffisance professionnelle, le directeur général adjoint l'ayant toujours dans le collimateur. Il ne voulait pas saborder son rôle d'homme clé, point d'appui principal dans ses négociations. Il tenait par ailleurs à remplir l'engagement moral pris à l'égard de ses équipes et enfin assurer en toute sérénité et de façon pérenne leur transfert chez Pythagore.

Ceci ne l'a pas pour autant empêché de relancer en parallèle Théorème sur sa problématique. Devant l'inertie de ses différents interlocuteurs, Jacques a alors joué son va-tout et posé un « ultimatum » : « *Occupez-vous de ma problématique et je continue de m'occuper du projet ou alors…* »

Pythagore, mis en situation de doute, a alors pris conscience des enjeux rabâchés par Jacques : il était bien la pierre angulaire du projet et, pour de longs mois, était très difficilement remplaçable, à qualité équivalente de prestation. Pire, un mouvement de personnel de ce calibre pouvait être de nature à tout faire capoter ou à générer une intégration de l'entité de Jacques plus que délicate, avec des conséquences commerciales et financières.

Les « vraies » négociations se sont alors enfin engagées, avec une nette volonté d'aboutir de la part de Pythagore.

Résultat

Jacques s'est engagé à assurer la totalité de la fusion et à former son remplaçant au poste de directeur général. En contrepartie, la société lui a proposé un accord par avenant à son contrat de travail. Si elle devait le licencier, elle lui verserait une indemnité substantielle (dix-huit mois de salaire) en réparation du préjudice qu'il subirait, en plus de ses éventuels droits à la retraite et de ses indemnités conventionnelles.

Sur le plan financier, Jacques a été satisfait puisqu'il a obtenu une solution lui permettant d'aborder sereinement la suite de sa carrière. Il peut aujourd'hui accomplir ses missions dans le cadre de la fusion et tenir les engagements qu'il avait pris avec ses équipes.

Sur le plan éthique, Jacques a parfaitement respecté ses engagements tant à l'égard de ses équipes que de Pythagore puisque la nouvelle position de chacun a été discutée, précisée et validée et le cahier des charges de la cession entièrement respecté.

Conclusion de l'histoire

Toute bonne négociation a une morale. Il est intéressant de souligner maintenant les apports de la négociation tant pour le cadre que pour l'entreprise.

Du point de vue du cadre

Tandis que Jacques organisait sa sortie par la négociation, un de ses collègues a emprunté une tout autre voie : celle de l'agression et du chantage frontal. Il a en effet tenu auprès de Théorème le discours suivant : « *Soit vous me laissez immédiatement partir avec de l'argent, soit je torpille la cession de mon entité.* »

Ce discours n'a eu d'autre effet que de précipiter sa chute : il a été licencié pour faute. Aux dernières nouvelles, il était au chômage et en contentieux devant le conseil des prud'hommes. Qu'il gagne ou non, il a perdu son poste, son statut et, peut-être sa fierté professionnelle.

Du point de vue de l'entreprise

En l'espèce, toutes proportions gardées, le coût financier investi sur Jacques était mineur comparativement à l'enjeu politique et financier global du projet. Grâce à ce coût marginal, elle s'est assuré l'engagement plein, motivé et entier de son directeur pour garantir le succès de la mission.

Quel aurait été l'intérêt pour l'entreprise d'entrer en contentieux ou de se braquer contre Jacques, alors que celui-ci proposait de son côté une option négociée et parfaitement saine de sa problématique et disposait par ailleurs d'un important pouvoir potentiel de « nuisance » sur l'ensemble de l'opération ? Ce pouvoir de nuisance n'était d'ailleurs que le reflet « inversé » de ses capacités professionnelles, développées avec, pour et grâce à Théorème.

Ici, les relations cadre/employeur ont été déminées par le dialogue et l'utilisation de techniques de négociation adaptées au marché de l'emploi.

Négocier son embauche ou « vive la concurrence »

Introduction

Le cas présenté ci-dessous est une situation relativement courante de négociation d'embauche dans laquelle le cadre fait monter les enchères d'une entreprise à l'autre grâce à une gestion habile de la communication et du langage. L'objectif ici est d'exposer l'une des façons de réunir toutes les conditions pour se placer dans le meilleur contexte de négociation possible.

Contexte

Arielle, 36 ans, est cadre dans un grand groupe pharmaceutique mondial auquel elle a consacré quinze ans de sa vie professionnelle. À force de travail, elle a gravi beaucoup d'échelons. Le jour où démarre notre cas pratique, la situation d'Arielle est la suivante. Cela fait cinq ans qu'elle est la responsable marketing d'une ligne de produits et souhaiterait évoluer vers des fonctions de marketing plus étendues. Cependant aucun poste n'est disponible ni prévu au sein de son entreprise. Elle décide donc tout naturellement de se tourner vers l'extérieur et de se mettre à chercher un nouvel emploi. Arielle obtient très vite des propositions intéressantes. Le groupe pour lequel elle travaille depuis quinze ans bénéficie d'une très bonne image sur le marché. Arielle essaie donc d'en profiter.

Problématique

Très rapidement, après avoir passé de nombreux entretiens, le choix d'Arielle se porte sur deux sociétés.

La première est un jeune groupe français basé dans le sud de la France, que nous appellerons SUD. Cette société propose à Arielle de prendre la direction marketing du groupe. Le niveau de rémunération associé au poste est très légèrement supérieur à celui dont elle bénéficie dans son entreprise actuelle. En revanche, elle disposera d'un niveau de responsabilité bien supérieur, rendant des comptes directement au président de l'entité. Enfin, la société prendra en charge l'ensemble de ses frais de déménagement et d'installation.

La seconde entreprise est un grand groupe mondial basé en Suisse, que nous appellerons EST. La réputation et l'image de marque de ce groupe sont excellentes. La rémunération proposée est à 40 % supérieure à celle qu'Arielle perçoit aujourd'hui. Le poste proposé est à dimension européenne, mais sur un domaine de responsabilité bien précis : gérer la politique de distribution du groupe. Il est rattaché directement au responsable marketing Europe. Bien sûr, l'entreprise accepte de la même façon de prendre à sa charge l'ensemble des frais de déménagement et d'installation de la jeune femme.

Analyse

Arielle s'interroge alors sur le choix à faire.

Le niveau de responsabilité ainsi que le confort de vie proposés par SUD la tentent bien. En revanche, elle considère que le niveau de rémunération offert ne justifie pas forcément le démarrage d'une nouvelle vie dans une région qu'elle connaît mal et dans laquelle elle n'a pas d'amis. Par ailleurs, elle a conscience des faibles possibilités d'évolution au sein de cette entreprise, sachant qu'elle rapporterait directement au président.

Concernant EST, le salaire a l'air *a priori* très alléchant, d'autant plus que les perspectives d'évolution dans une telle société s'avèrent forcément très intéressantes. Cependant, avant de se prononcer, il va être nécessaire de procéder à une analyse comparative des niveaux de vie afin de mesurer réellement la variation de salaire en termes de pouvoir d'achat. Un autre problème que se pose Arielle concernant celui de la protection sociale, liée au fait que si elle travaille en Suisse. Elle ne pourra peut-être pas bénéficier des avantages sociaux d'un travailleur français. Une autre interrogation importante est de définir son lieu de résidence soit comme résidente suisse soit comme « frontalière », compte tenu des conventions fiscales entre la France et la Suisse.

Dans les deux cas, les contacts humains sont excellents. La question principale qui se pose consiste donc à savoir comment faire le choix le plus éclairé et à déterminer les conditions manquantes permettant de choisir définitivement entre l'une et l'autre proposition.

Mise en œuvre

Tels qu'ils lui ont été présentés, les deux postes ont un réel intérêt pour Arielle. Elle est donc extrêmement sincère lorsqu'elle dit à chaque entreprise que le poste proposé est intéressant et qu'elle est prête à la rejoindre.

Dans ce contexte, la stratégie retenue ici est celle de la « transparence ». Il s'agit, avec beaucoup d'humilité, de présenter à chaque société la situation et de leur demander ce qu'elles en pensent. Arielle tient le discours suivant à SUD : « *Je suis vraiment très intéressée par le poste que vous me proposez. Cependant, le niveau de rémunération est trop proche de mon niveau actuel pour que la décision penche facilement vers vous et justifie le démarrage d'une nouvelle vie dans une région que je ne connais pas bien et dans laquelle je n'ai pas d'amis. De plus, et je préfère être totalement transparente avec vous, la société X m'a également fait une proposition* (si vous le pouvez et si elle est en votre faveur, présentez-la à votre futur employeur en ayant bien entendu préalablement blanchi tous les éléments confidentiels ainsi que le nom de la société). *Qu'en pensez-vous ? Que pouvez-vous faire ?* »

Un discours similaire sera tenu à la société EST.

Les messages qui relèvent ici purement du ressort de la négociation sont les suivants : « *Voilà comment le problème se pose à moi. Avez-vous des solutions qui me permettraient de le résoudre et donc d'accepter votre offre ?* » C'est une démarche de dialogue et d'honnêteté. Le candidat a une autre proposition sérieuse entre les mains. Pour le retenir, il va être nécessaire pour le futur employeur de faire un effort.

Le lecteur notera qu'Arielle n'a fait aucune demande à l'entreprise. Elle n'a surtout pas tenu un discours du type : « *Si vous ne me donnez pas tel niveau de rémunération, je ne viens pas chez vous.* » Ces propos sont souvent rédhibitoires et responsables dans de nombreux cas de l'échec des négociations. Arielle a simplement présenté la problématique telle qu'elle se posait à elle et demandé à chaque entreprise si elle pouvait faire quelque chose pour faire pencher la balance.

Résultat

En tout, il y a eu trois allers-retours avec SUD et quatre avec EST. Assez logiquement, à chaque proposition d'une entreprise, cette dernière avait le souci ou la curiosité de savoir ce que l'autre avait proposé de mieux.

Côté SUD, le résultat des négociations a été le suivant :

- une augmentation de 20 % de la rémunération par rapport à la première proposition ;

- la réduction de la période d'essai à un mois non renouvelable ;
- l'engagement d'entrer dans le capital de la société dans un horizon de deux ans.

Côté EST, il a donné ce qui suit :

- l'ajout d'une rémunération variable au résultat représentant 30 % de la rémunération fixe ;
- le règlement d'une somme forfaitaire de douze mois de salaire si la société devait se séparer d'Arielle et mettre fin à son contrat dans les deux ans ;
- l'absence de période d'essai.

Ces deux derniers points ont constitué pour Arielle une condition indispensable pour rejoindre EST. En effet, la jeune femme était très motivée par le poste, mais n'arrivait pas à prendre le risque de déménager à l'étranger avec les impacts que cela peut présenter sur le plan social, voire sur la retraite. Notez, à toute bonne fin, que ces derniers éléments ont fait l'objet d'une validation juridique spécifique.

Finalement, Arielle a décidé de rejoindre EST.

Conclusion et morale de l'histoire

Cet exemple présente une stratégie de négociation qu'il n'est pas très difficile de mettre en place et que nous appellerons « stratégie du naïf ». Elle consiste à amener votre interlocuteur à se poser les questions que vous vous posez comme s'il était à votre place. La grande différence est que lui dispose des moyens de trouver des solutions. Cette stratégie s'avère redoutablement efficace.

La deuxième leçon à tirer de ce cas pratique est que pour entrer en négociation, il faut s'en donner les moyens. Arielle a rencontré de nombreuses entreprises et finalement retenu les deux offres qui lui correspondaient le mieux. Sur cette base, elle a pu faire valoir des arguments et entrer en négociation. La situation aurait été toute autre si elle n'avait obtenu qu'une seule offre. Son pouvoir de négociation aurait été fortement amenuisé.

La troisième leçon à tirer de cette histoire est que certains postes ne présentent pas forcément au départ les caractéristiques idéales qu'un cadre pourrait souhaiter. Il n'en reste pas moins que des discussions bien menées peuvent amener l'entreprise à faire évoluer ou à ajuster les dimensions d'un poste si elle considère avoir face à elle un candidat de valeur.

Enfin, il est possible, et ce de façon beaucoup plus aisée qu'on le croit, de mettre des entreprises en concurrence. Réalisée avec tact et finesse, cette démarche constitue un facteur clé de la plupart des négociations réussies. C'est une question d'objectifs et de moyens que l'on se donne pour réussir sa carrière.

Négocier la réduction de son préavis

Introduction

Le cas suivant fait partie d'une multitude de situations de « micro négociation ». Il s'agit de négocier un point précis. Parmi les autres cas de micro négociation, citons la suppression ou la réduction de la période d'essai, les négociations propres aux rémunérations variables, l'obtention d'une protection financière en cas de rupture, le paiement d'un bonus même après une discussion, etc.

Pourquoi chercher à négocier le raccourcissement de son préavis ? Dès lors qu'un cadre a décidé de changer d'entreprise, il est fréquent que son nouvel employeur souhaite bénéficier de ses services le plus rapidement possible. Cependant, même en cas de démission, le cadre est tenu d'effectuer un préavis généralement de trois mois, parfois porté à six ou neuf mois pour les contrats de cadres supérieurs ou dirigeants.

L'objet de la démonstration suivante est de montrer comment le processus de négociation a permis à notre cadre, Christine, de ne pas effectuer son préavis, à l'origine de six mois, alors que la société souhaitait initialement qu'il le soit.

Il s'agit là d'un pur cas de négociation dans lequel se confondent les pressions psychologiques et les jeux d'influence. Les positions prises par les acteurs sont purement politiques et deviennent souvent des questions de principe. Tout le travail de négociation a consisté à transformer les questions de principe de la part de certains acteurs en questions économiques nécessaires pour préserver l'intérêt de l'entreprise.

Contexte

Christine a 43 ans. Elle travaille dans l'industrie automobile et a développé des compétences spécifiques en matière commerciale. Un jour, elle est approchée par un chasseur de têtes parisien qui lui propose pour l'un de ses clients le poste de directrice d'une entité. Après d'âpres négociations, elle accepte ce poste sans période d'essai, mais avec un préavis de départ de six mois.

Neuf mois plus tard, la situation n'est plus aussi idyllique qu'à l'origine. Le périmètre de responsabilité qui aurait dû être le sien en tant que directrice de l'entité est sans arrêt grignoté par son responsable hiérarchique qui, en plus de faire du micro management, s'immisce en permanence dans son quotidien.

La situation est devenue insupportable pour Christine, qui se met alors à la recherche d'un nouvel emploi. Elle y parvient en peu de temps. Son projet est alors de prendre la direction globale d'une nouvelle activité dans une entreprise automobile. Son employeur est extrêmement impatient de la voir prendre ses nouvelles fonctions. Dans le cadre des discussions sur l'embauche, il se montre extrêmement conciliant, son objectif principal étant de pouvoir bénéficier des compétences de Christine le plus rapidement possible pour démarrer son projet dans un environnement où la concurrence est ardue. Il lui propose même une prime de bienvenue équivalente à trois mois de salaire, que les Anglo-Saxons appellent un « *golden bonus* », si elle rejoint physiquement la société dans un délai maximum de deux mois.

Problématique

À ce stade, le problème se pose la façon suivante pour Christine :

- comment pouvoir démarrer dans un mois alors que son préavis est de six mois ?

- à quoi servirait qu'elle reste plus longtemps chez son employeur actuel sachant que son nouvel employeur a réellement besoin d'elle ?

- plus marginalement, la prime de bienvenue au-delà des aspects financiers constitue un signe fort de l'intérêt que porte le nouvel employeur à sa candidature.

Christine décide donc de chercher à négocier son préavis. L'objectif est maintenant clair : comment partir le plus rapidement possible ?

Analyse

Le préavis faisant l'objet de règles juridiques particulières, il était indispensable, préalablement à toute négociation, d'organiser une consultation juridique auprès d'un avocat spécialisé pour connaître le périmètre de la négociation.

Il en est ressorti, entre autres, les éléments suivants. Le préavis est contractuel et les parties peuvent décider d'un commun accord de l'exécuter ou non. Christine peut décider unilatéralement de ne pas l'exécuter, auquel cas elle est théoriquement tenue de payer à l'entreprise la valeur du préavis non exécuté. De plus, durant le préavis, l'employeur et le salarié sont tenus de respecter leurs obligations définies dans le contrat de travail. Enfin, Christine n'est pas tenue d'effectuer ses six mois de préavis sachant que la convention collective à laquelle elle est rattachée n'en prévoit que trois.

Dans ce contexte, pour « passer entre les gouttes », il était indispensable d'amener l'entreprise à proposer une réduction du préavis sans prendre le risque d'essuyer un refus.

Par ailleurs, l'analyse du jeu des acteurs s'avérait également indispensable : elle a montré que le responsable hiérarchique de Christine était un fin politicien ne prenant aucune décision sans en référer à son président ; d'autre part, le président était un homme de principes et de positions qui ne revenait jamais en arrière, même quand il se trompait. Le décisionnaire était donc ici le président mais pour l'atteindre, il fallait agir sur le responsable hiérarchique.

Enfin, après chaque démission, la société a toujours systématiquement refusé aux cadres démissionnaires de négocier un raccourcissement du préavis et encore moins de le leur payer sans qu'il soit effectué. Dur, dur !

Mise en œuvre

Stratégie

Christine aurait pu aller voir son employeur, lui remettre sa démission et lui demander de raccourcir son préavis. Mais cette approche aurait été beaucoup trop risquée, car un refus de l'employeur sur la réduction du préavis se serait avéré rédhibitoire pour sa démarche.

Par ailleurs, en termes de fonctionnement interne, l'employeur n'avait aucun intérêt à réduire le préavis de Christine sachant qu'il lui fallait lui trouver un remplaçant. Pendant cette attente, Christine devait continuer à jouer son rôle de manager.

Nous appellerons la stratégie retenue ici « stratégie du risque économique ». Elle repose sur le postulat suivant : un cadre démissionnaire apparaît forcément aux yeux de l'entreprise comme un risque, dans le sens où il continue à avoir accès à des informations qui peuvent présenter un caractère confidentiel. Le travail de la négociation va consister à donner plus de poids pour l'entreprise au risque que représente un cadre pouvant accéder à des informations confidentielles qu'à la difficulté de se passer rapidement de ses services.

Plan d'action

Étape 1 : Tester la position de l'entreprise

• Le discours tenu au responsable hiérarchique

« *J'ai beaucoup réfléchi pendant les vacances… Depuis longtemps j'hésitais, mais maintenant ma décision est prise. La situation ne peut plus durer et devient de plus en plus intenable pour moi. Ce poste ne correspond absolument pas à celui qui m'a été vendu lors de mon embauche. Ce n'est pas un poste de directrice, tout juste d'ingénieur commercial. C'est moi qui suis à 100 % responsable de tous les problèmes sans avoir les moyens de les gérer. Vous définissez toute la stratégie et une grande partie des priorités. Par exemple… Ou encore… Enfin, mon n + 2 ne m'apprécie manifestement pas, malgré mes résultats. Il me traite comme jamais je n'ai été traitée durant ma carrière et cela non plus, je ne l'accepte plus. Je vous annonce donc que je démissionne.* »

• Les arguments de l'entreprise

Le responsable hiérarchique : « *Peut-on vous retenir ?*

Christine : *Non. J'ai mûrement réfléchi.*

Le responsable hiérarchique : *Avez-vous autre chose, une proposition de poste ?*

Christine : *Non, strictement rien, mais la situation n'est plus vivable. Dans tous les cas, j'ai un préavis de six mois. Cela me permettra de rechercher un poste ou de trouver une entreprise à acheter. Je veux rester à mon poste jusqu'en juin prochain. Comme je suis démissionnaire, je n'aurai* a priori *pas de chômage, aucune aide.*

Le responsable hiérarchique : *Puis-je compter sur vous pendant le préavis ?*

Christine : *Oui, bien sûr. J'entends continuer à jouer mon rôle et à participer à toutes les réunions mais vous comprendrez que ma motivation puisse être un peu édulcorée.* »

• La conclusion de l'entretien

Pour finir, Christine demande si elle peut informer de sa décision ses collègues en interne ainsi que ses clients. C'est là une autre pression psychologique, celle des aspects liés au risque client.

Étape 2 : Anticiper les réactions côté entreprise

Des informations ont été envoyées à l'entreprise qui va les analyser et définir une position ainsi qu'une stratégie. Cette dernière vise à réduire les risques liés à la présence de Christine dans l'entreprise pendant la période de préavis et le coût éventuel de sa présence. Les hypothèses de réflexion sont les suivantes :

• Christine ne va pas être motivée pendant les 6 mois de son préavis ;

• elle a sûrement un emploi à l'extérieur et cherche à nous faire payer le préavis ;

• par principe, nous ne payerons jamais le préavis :

• si elle a un emploi à l'extérieur, elle ne pourra pas tenir plus de trois mois et il nous suffit donc d'attendre ce délai ; elle finira par craquer ;

• elle représente un risque économique : ne sachant pas pour quelle entreprise elle va travailler, nous ne pouvons risquer de lui fournir des informations confidentielles.

En conclusion, l'entreprise décide d'attendre et de ne rien faire.

Étape trois : Le blocage

Pendant deux semaines, plus aucune discussion n'a eu lieu entre Christine et son responsable hiérarchique. Ce dernier faisait le dos rond et se montrait mal à l'aise lorsque Christine, comme à son habitude, participait à des réunions stratégiques concernant l'avenir de la société.

Étape quatre : Le forcing

Christine a senti que son patron, malgré son intransigeance apparente, n'était pas très à l'aise. Elle décide alors de forcer les choses et demande un nouveau rendez-vous.

Après deux ou trois échanges courtois, elle lance à son supérieur hiérarchique : « *J'ai bien réfléchi à la situation : je la trouve assez étrange. Je suis dans l'entreprise alors que je n'ai plus aucune motivation. J'ai accès à des informations stratégiques et confidentielles alors que je vais peut-être trouver un emploi chez un concurrent, sachant que je ne bénéficie pas de clause de non-concurrence. En interne, des bruits ont dû circuler sur ma démission. Des rumeurs circulent. Je ne pourrai pas cacher cette information longtemps comme je le pensais. Cela risque d'avoir des incidences sur mon travail en me discréditant aux yeux de mes collaborateurs. Par ailleurs, je ne vois pas pourquoi je devrais conserver cette information secrète, notamment aux yeux des clients qui pourraient être mes futurs employeurs. Aussi, je souhaite informer mon entourage de ma décision. Par ailleurs, je souhaiterais me consacrer à 100 % à ma recherche d'emploi. Je vous demande dès à présent que l'on discute des cinquante heures mensuelles de recherche d'emploi prévues par la convention collective. Est-ce que cela vous intéresserait que je n'effectue pas le préavis de six mois et que je ne vous en demande pas le paiement ?* »

Résultat

La réponse a mis une semaine pour arriver, mais s'est révélée positive.

En conséquence, Christine a pu rejoindre sereinement son nouvel employeur, précisément cinq semaines après la remise de sa démission.

D'aucuns diront : « Oui mais c'est évident ! » En fait, dans la démarche de négociation mise en place ici, la solution proposée par Christine est apparue comme idéale pour l'entreprise et allant dans son intérêt propre. C'est la raison pour laquelle elle a abouti et que tous les risques ont été maîtrisés. Autrement dit, la démarche de négociation a consisté à mettre suffisamment de pression sur l'entreprise pour qu'elle considère la solution proposée comme acceptable.

Notez que si l'entreprise avait tenu trois mois, Christine aurait peut-être craqué. C'est là le jeu de la négociation…

Conclusion et morale de l'histoire

Bon an mal an, Christine a cherché par tous les moyens propres à la négociation à se libérer au plus vite afin de reprendre un autre emploi auprès d'un nouvel employeur qui avait besoin de ses compétences rapidement et avait montré de l'intérêt pour elle. Cette négociation est assimilable à une partie de poker, car tous les ingrédients sont réunis : bluff, pression psychologique, manipulation de part et d'autre, etc.

Finalement, une entreprise a perdu son cadre plus rapidement que prévu, mais une autre l'a obtenu également plus vite que prévu. Christine, elle, a su rebondir rapidement et en toute sérénité. Elle a au passage récupéré la prime de bienvenue qui compensait un peu le stress de la situation vécue malgré elle.

Annexe bibliographique

Albert, É., Bournois, F., *et al.*, *Pourquoi j'irais travailler ?*, 2ᵉ éd., Eyrolles, 2006.

Aubert, N., (sous la direction de), *Diriger et motiver*, 2ᵉ éd., Éditions d'Organisation, 2002.

Bellenger, L., *Les fondamentaux de la négociation*, ESF Éditeur, 2004.

Bennis, W., *Profession leader*, Interéditions, 1991.

Bercoff, M., *L'art de négocier : L'approche Harvard en 10 questions*, 2ᵉ éd., Éditions d'Organisation, 2007.

Berne, E., *Analyse transactionnelle et psychothérapie*, Payot, 1971.

Boudineau, D., Chaliveau, P., *Négocier une transaction de départ - Le guide pour les employeurs et les salariés*, Éditions d'Organisation, 2004.

Cadin, L., Guérin, F., Pigeyre, F., *Gestion des ressources humaines*, 3ᵉ éd., Dunod, 2007.

Calero, H., *Lisez dans vos adversaires à livre ouvert*, Albin Michel, 1986.

Caro, M., *The Body Language of Poker : Mike Caro's Book of Tells*, Carol Publishing Group, 1995.

Carre, H, *Diriger des salariés aujourd'hui*, Maxima, 1991.

Crozier, M., Friedberg, E., *L'acteur et le système - Les contraintes de l'action collective*, coll. « Points Essais », Seuil, 1992.

Cudicio, C., *Déchiffrer nos comportements*, Eyrolles, 2005.

Cudicio, C., *Le grand livre de la PNL*, Eyrolles, 2004.

Delaire, G., *Commander ou motiver ?*, Éditions d'Organisation, 1984.

Deltombe, B., *Droit et pratique de la rupture négociée du contrat de travail*, Université Paris II, 1999.

Fisher, R., Ury, W., *Getting to Yes, Negotiating an Agreement Without Giving in*, Random House Business Books, 2003.

Galambaud, B., *Des hommes à gérer - Direction du personnel et gestion des ressources humaines*, ESF, 1995.

Galambaud, B., *Une nouvelle configuration humaine de l'entreprise*, ESF, 1994.

Girard-Oppici, C., *Négocier la rupture du contrat de travail*, coll. « Guid'utile », Vuibert, 2003.

Girod, A., *PNL et performance sportive : Un mental pour gagner*, Amphora, 1999.

Grosjean, M., Mondada, L. (sous la direction de), *La négociation au travail*, coll. « Éthologie et psychologie », PUL, 2004.

Handy, C., *The New, Completely Revised Understanding Organisations*, Allen Lane, 2005.

Henry-Biabaud Clair, B., Maroli, T., *Cadres ne vous laissez plus faire !*, Dunod, 2003.

Johnson, G. Scholes, K., *Stratégie*, Pearson Education, 2008, 8e éd., partie sur les leviers humains dans les organisations.

Machiavel, *L'art de la Guerre*, Flammarion, 1993.

McCormack, M. H., *Tout ce que vous n'apprendrez jamais à Harvard*, coll. « Les Échos », Rivages, 1990.

Miles, R. E., Snow, C. C., *Organisational strategy, Structure and Process*, McGraw-Hill, 1978.

Mouthier, M., *Guide juridique et pratique de la conciliation et de la médiation*, De Vecchi, 2003

Payet, G., *Préparer et réussir votre négociation de salaire*, First, 2000.

Pekar Lempereur, A., Colson, A., *Méthode de négociation : On ne naît pas bon négociateur, on le devient*, coll. « Stratégies et management », Dunod, 2004.

Pichault, F. Nizet, J., *Les pratiques de gestion des ressources humaines*, coll. « Points Essais », Seuil, 2000.

Projet de loi portant modernisation du marché du travail, texte n° 743, Assemblée nationale.

Pruitt, D.G., Rubin, J.Z., *Social Conflict: Escalation, Stalemate, and Settlement*, McGraw-Hill, 2003.

Ravisy, P., *Négocier son départ de l'entreprise*, 2ᵉ éd., Delmas, 2007.

Saint-Onge, S., Audet, M., Haines, V., Petit, A., *Relever les défis de la gestion des ressources humaines*, Gaëtan Morin, 1998.

Sklansky, D., *The Theory of Poker*, Two Plus Two, 2002.

Teyssié, B. (dir.), *La négociation du contrat de travail*, coll. « Thèmes et commentaires », Dalloz, 2004.

Tinard, Y., *L'exception française : Pourquoi ?*, Maxima, 2001.

Sun Tzu, *L'art de la Guerre*, Pluriel, 2002.

Index

principe (question de) 113
priorité 48
problème personnel 113
proposition 110

R

rapport de force 36, 61, 89, 143
rationalisation 11
recul 118, 130
rémunération 21, 40, 47, 81
rentabilité 87
réorganisation 16
respect 112
responsable 43, 82
risques 12, 41, 55

S

santé financière 31
scénario 52, 64

séparation 22
signe extérieur 121
solution de remplacement 49
soutien 123
stratégie 51, 63, 91, 161
Sun Tzu 27
syndrome de Stockholm 103

T

tact 63
tactique 55, 63
temps 60, 119
titre 82
ton 66

V

valeur 29, 151

Composé par Istria

Dépôt légal : juin 2008
N° d'éditeur : 3697
IMPRIMÉ EN FRANCE

Achevé d'imprimer le 17 juin 2008
sur les presses de l'imprimerie « La Source d'Or »
63200 Marsat
Imprimeur n° 12024

Dans le cadre de sa politique de développement durable,
La Source d'Or a été référencée IMPRIM'VERT®
par son organisme consulaire de tutelle.
Cet ouvrage est imprimé - pour l'intérieur -
sur papier offset "Amber Graphic" 90 g
des papeteries Arctic Paper, dont les usines ont obtenu
la certification environnementale ISO 14001
et opèrent conformément aux normes E.C.F. et E.M.A.S.